어린이에게 귀 기울이기

'이기'와 '되기'

Listening to Children

Being and becoming

Bronwyn Davies 저

변윤희 유혜령 윤은주
이경화 이연선 임부연 역

창지사

Listening to Children

Being and becoming

추천의 글

"이 책을 읽고 나는 내용의 풍부함과 따뜻함에 놀라면서, 모든 교사와 교육학자가 알아야 하고 생각해 보아야 할 중요한 문제 앞에 서게 되었음을 깨달았다. 이 책은 몇 가지 차원에서 우리에게 독창적으로 생각해 볼 것을 제안하고 있는데, 이를 정리해 보면 아래와 같다.

첫째, 어린이와 교사가 함께하는 극히 찰나적인 매 순간이 우리가 이미 알고 있는 위계적 질서와 선형성(線形性)으로 규정될 수 있는 시간들이 아니라, 서로 귀 기울여 경청하기가 윤리적 행위로 일어나는 그런 시간임을 알려 준다.

둘째, 서로 다른 나라의 상호문화적 차원에서 생각해 볼 때, 저자 Davies는 우리를 자기가 살고 있는 마을에서 스웨덴의 마을로 오가며 문화의 만남을 가지도록 해 준다.

셋째, 서로 다른 이론과 철학적 배경이라는 추상적 개념 차원에서 생각해 볼 때, 이제까지 어느 누구도 Barad와 Butler, 그리고 Deleuze 등의 추상적 개념들을 Bronwyn Davies처럼 실제 교육 현실과 연결시킬 수 있었던 사람은 없었던 것 같다. Davies는 바로 이 일을 함으로써, 이를테면 교사교육과 같은 분야를 교수테크닉 차원을 넘어선 수준으로 올려놓고 있다.

넷째, 이 책에서 저자는 '회절(回折, diffraction)' 개념을 소개함으로써 반성 개념에 도전하는 방법론을 제안하고 있다. 이러한 방법론적 차원에서 생각해 볼 때, 이 책은 종래의 '반성적 실천가(reflective practitioner)'라는 슬로건으로 가득 찬 조류에 맞서서 용감히 헤엄치는 것과 같이 대단히 용기 있는 책이다.

이 책의 각 장은 윤리적이고 또 정치적인 색채를 지니고 있다. 왜냐하면 이 책은 불확실성을 나름대로 옹호하면서 그것을 위한 강력한 담론을 제안하고 있기 때문이다. 이 책에서 정체성이란 아직 고정된 것이 아니고 여전히 유연하고 유목민(nomad)처럼 정착하지 않고 떠돌아다니는 성질을 가지고 있다. 주체(self)란 고정된 상태라기보다는 역동적인(발현적이고 변화하는) 존재로 발견되는 그 어떤 것으로 주장된다."

Dr. Geert Van Hove

Ghent University / Free University Amsterdam, Holland

"이 책은 어린이들 사이에서, 그리고 어린이와 어른들, 특히 어린이와 함께하는 전문가와 교육자 사이에서 일어나는 '내부작용(intra-action)'이 무엇인지에 초점을 두고 있다. 이 책은 발현적 경청하기로 우리가 어떻게 움직여 갈 수 있는가라는 중요한 이슈에 관심을 집중하게 하여, 어린이와 함께하는 내부작용 속에서 일어나는 윤리적 질문들을 예측해 보도록 한다. 여러 교육현장을 면밀히 분석하는 과정을 통하여 발현적 경청이 우리에게 무엇을 요구하는지, 내부작용이 무엇인지를 새롭게 이해하도록 해 주는 것이다. 그리고 어린이와 공동체, 물질들이 하나의 공동체 안에서 계속하여 마주치면서 어떻게 그들 모두가 당연하고 정당한 행위자(legitimate actors)가 되어 가는지를 이해할 수 있게 설명하고 있다.

저자는 체계적인 소개와 설명, 그리고 흥미롭고 심오한 지식으로 독자가 연구현장인 해당 유아교육기관에 대해 명료하게 이해할 수 있도록 한다. 이 책에서는 매우 의미 있고 가치 있는 연구 자료들을 활용하고 있는데, 특히 이들 유아교육 연구공동체의 삶에 대해 상당히 흥미로운 혜안을 준다. 이 책은 매우 희소하고 귀한 자료들을 우리를 사려 깊게 고무시키는 방식으로 제시하면서, 어린이와 어른, 그리고 어린이와 어른들 사이에서 일상적으로 마주치는 내용을 다층적이고 다양한 의미들로 균형감 있게 묘사하고 있다.

저자는 함께 작용하는 행위주체들을 열어서 명확히 보여줌으로써 어린이와 어른 간의 상호작용에서 당연시되는 선입견들에 저항하며 작업을 하였다. 저자 자신의 문학적 개념화는 매우 총체적이고 섬세하여 책에서 사용되는 용어들을 잘 정제해서 보여 주며, 개념들을 명확하게 이해할 수 있도록 개방적으로 기술하고 있다. 어린이들을 경청한다는 것이 무엇을 의미하는지를 잘 설명하는 이론을 통하여, 어떻게 경청이 생성되고 어떻게 어린이들이 합법화된 정당한 정치적 행위자가 되고 주체가 되는지를 잘 설명한다. 이러한 개념화는 이 소설 같은 책을 통해 교육학에서 마주하는 이론들에 대하여 많은 통찰을 훌륭하게 제시해 준다. 어린이에 대한 연구는 매 순간 마주한 대상들을 지극히 섬세하게 개방하면서 윤리적인 자세로 탐구하여야 하는 것이다.

유아교육과 교육학 분야에서는 이와 같은 종류의 새로운 관점을 필요로 한다. 이러한 책은 매우 드물고 독창적이며 새로운 길을 열어 주고 있다. 저자 Davies는 스칸디나비아반도 핀란드의 교육학 분야에서 잘 알려진 높이 평가받는 전문가이다.

Davies 교수의 사고와 이론화 방식은 주목할 만하다. 그는 주체와 주체의 세계 관계에 관하여 이미 자신이 이룩한 깊이 있고 훌륭한 사고에 토대를 두고 이 책을 저술하였다. 어찌하였든 그는 이 책을 집필하는 매 순간을 좀 더 다른 차원으로 '끌어올리고' 자기 자신과 사고를 '새롭게 변화시키는 데' 성공하고 있다는 점이 확실하다. 나는 이 책을 방법론적인 접근뿐만이 아니라 교육학적인 접근에서 매우 탁월하다고도 기꺼이 인정한다."

Teija Rantala
University of Helsinki, Finland

"이 책은 우리를 여행하고 비행하며 교육과정 되기의 가능성을 탐색해 가도록 안내한다. Davies는 레지오 에밀리아 접근에 영감을 받은 스웨덴 유아교육기관에서 접한 내용을 놀랍도록 경이로운 연구가능성을 열어 가는 데 활용하고 있는데, 어떤 제한이나 한계를 두지 않고 동적이며 내부작용적이고 다층적인 방식의 탐구를 보여 준다. 그의 발현적이고 비예측적인 분석방법과 Deleuze와 Barad 업적에 대한 분석은 독자를 단순히 유아교육기관에 대한 이해 차원을 넘어서서, 우리 모두가 복합적이고 역동적이며 내부작용적이고 항상 '되어 가는' 생성적 존재임을 이해하는 차원으로 이끌어 준다. 이러한 분석방법은 분명히 유아교육기관의 교육 실제에 공헌할 뿐만 아니라, 아직 알려지지 않은 영역을 탐구하고 싶은 모든 연구자를 위해서도 크게 기여한다.

발현적 경청에 대한 Davies의 탐구는 귀 기울여 경청한다는 행위가 분명히 관계적인 것임을 생각하게 만드는 새롭고 창조적인 영역으로 독자를 안내한다. 저자는 자신의 공동전기 워크숍(collective biography workshop)의 자료와 레지오 에밀리아에 영감을 받는 유아교육기관, 그리고 또 자신의 지역사회로부터 얻은 이야기와 연구자료를 활용하여 **이기-알기-되기**(*being-knowing-becoming*)의 복잡성을 잘 분석하고 있다. 이러한 분석은 이론화 작업(theorising)이 놀라운 탈주를 하도록 하면서, 배움에 대한 사유와 교육 정책, 교육 실천에 대하여 유용한 정보를 앞으로 지속적으로 제공해 줄 수 있을 것이다.

그뿐만 아니라, 저자는 어린이의 분노에 대한 생각을 끄집어내어 탈-구조주의를 넘어서 사유하고 있다. Deleuze와 불교적 사고, 그리고 Barad에 대한 저자의 이해는 어떻게 회절적 분석(diffractive analysis)이 우리를 연구자와 실천가로서 놀라운 장소로 가게 하는지를 잘 보여 주고 있다. 그리고 저자의 이웃에 살던 어린 소녀와 함께 작업한 예술창작에 대한 분석과정은 독자를 저자의 개인적이고 일상적인 영역으로 데리고 가면서, 어떻게 연구 자료가 회절적 분석을 통하여 사고를 확장시켜 가는지를 보여 주고 있다. 그 '아하' 하는 순간은 매우 복합적인 것인데, 그저 일상적인 것까지 포함된 평범한 연구 자료라도 늘 새롭게 이해될 수 있음을 보여 주는 순간인 것이다.

이 책은 궁극적으로 많이 사랑받는 이야기의 새로운 내러티브 세계로 독자를 데리고 간다. 행위주체, 의미 만들기, 윤리자, 지역사회, 어린이들에게 경청하기에 관한 모든 새로운 아이디어들을 모아 실험하기로 안내하고 있다. 이 책을 읽으면서 나는 어린이들에게 귀 기울이기와 배움과 연구에 대한 새로운 가능성이 동시에 일어나는 것에 고무되었다. 이것은 모든 독자에게 경이로운 시작이 될 것이다."

Dr. Cath Laws
Australian Catholic University, Australia

어린이에게 귀 기울이기(Listening to Children)

이 책에서 저자 Bronwyn Davies는 어린이들과 함께한 일련의 아름다운 마주침과 통찰을 가지고 후기구조주의적인 이론화 작업을 시도함으로써, 어린이와 내부작용하는 것에 관하여 새로운 사유 방식을 탐구한다.

이 책은 독자로 하여금 사고가 움직이는 파동을 통하여 이미 알고 있는 내용으로부터 전혀 알지 못하는 내용으로 돌아서도록 안내하고, 이해 가능한 새로운 사고의 형태를 천천히 만들어 가도록 한다. 이러한 작업은 사람과 사람 사이에서, 그리고 사람과 물질세계 사이에서 일어나는 마주침 속에 우리 자신이 이미 개입하고 있음을 모든 감각을 통하여 깊이 깨닫기 시작하면서 이루어진다.

이 책은 레지오 에밀리아 접근의 영향을 받은 스웨덴 유아학교의 사례들과 저자가 살고 있는 호주의 지역사회, 그리고 자신의 아동기에 대한 민감한 기억 속으로 우리 독자를 데리고 가서 다음과 같은 내용에 대한 영감을 불러일으킨다.

- 어린이와 그들의 공동체에 대하여 새로운 방식으로 사고하기
- 귀 기울여 경청하는 행위가 지닌 발현적이고 생동하는 성격
- 역동적이고 다양한 주체로서의 우리 자신
- 아직 알지 못하는 것에 대하여 열려 있는 자세를 유지한다는 것의 중요성

저자인 Davies가 함께 작업한 교사 및 페다고그들과 맺은 관계는 공동의 실험하기(co-experimentation)라 할 수 있는 것으로서, 연구한다는 행위가 회절적(回折的, diffractive)이고 실험적인 성격을 지니고 있음을 나타낸다. 그가 어린이들과 맺은 관계는 자신의 새로운 사고하기와 존재가 발현되는 방식을 탐구한 것이다. 이는 이전 방식으로 생각하기와 이전의 존재가 여전히 우리에게 고집스럽게 남아 있는 가운데, 우리에게서 새롭게 전개되는 생각하기가 옛것과 함께 서로 간섭하고 방해하는 과정을 보여 준다. 저자는 시적(詩的)인 글쓰기와 함께 어린이들과 자신이 마주친 통찰적 이야기들로 우리의 감각을 즐겁게 해 주면서 우리가 열심히 사고할 것을 요구한다.

Bronwyn Davies는 호주의 Melbourne University에서 강의하는 학자이다. 저자의 연구에 관하여 좀 더 상세한 정보를 원할 경우 www.bronwyndavies.com.au를 방문하길 권한다.

출판시리즈명: Contesting Early Childhood

시리즈 편집자: Gunilla Dahlberg와 Peter Moss

본 출판시리즈는 현재 유아교육 분야를 지배하고 있는 주된 담론에 대하여 의문을 제기하면서 다양한 관점과 논의로 이루어진 대안적 내러티브를 제시한다.

이 시리즈는 유아교육의 현장 활동과 새로운 정책 수립이 급격히 증가하면서부터 어떠한 교육적 가능성이 실현되고 있는지, 또한 이에 수반되는 위험은 어떠한 것인지를 검토하고, 이 분야가 어떠한 방식으로 점차 조정과 통제로 물들어가고 있는지 조명한다. 이 시리즈에서 출판하는 저서들은 유아교육의 현장 활동이 실제로 어떻게 윤리적이고 민주적인 실천에 기여할 수 있는지 보여준다. 저자들은 서구 사회 및 개발도상국 세계에서 전개되고 있는 대안적인 교육 실천으로부터, 그리고 발달심리학과 같이 다소 상이한 학문 분야로부터 새 아이디어를 취하고 이를 탐구해 들어간다. 이들은 현행 이론 및 최선의 교육 실제를 현재 전 세계에서 일어나고 있는 정치적, 사회적, 경제적, 문화적, 기술공학적인 주요 변화의 맥락 속에서 이해한다.

"Contesting Early Childhood" 출판시리즈의 저서명:

Moss (2014) *Transformative Change and Real Utopias in Early Childhood Education*

Sellers (2013) *Young Children Becoming Curriculum*

Taylor (2013) *Reconfiguring the Natures of Childhood*

Moss (2013) *Early Childhood and Compulsory Education*

Vecchi (2013) *Art and Creativity in Reggio Emilia*

Taguchi (2009) *Going Beyond the Theory/Practice Divide*

Olsson (2009) *Movement and Experimentation in Young Children's Learning*

Edmiston (2007) *Forming Ethical Identities in Early Childhood Play*

Rinaldi (2005) *In Dialogue with Reggio Emilia*

MacNauhton (2005) *Doing Foucault in Early Childhood Studies*

Penn (2005) *Unequal Childhoods*

Dahlberg and Moss (2005) *Ethics and Politics in Early Childhood*

역자 서문

본 책은 '어린이'의 본성과 놀이에 대한 새로운 시선을 담은 책이다. '어린이'라는 말은 사실 늘 우리와 함께 해 왔고 지금도 늘 같이 있기 때문에, 어린이라는 말 자체가 당연한 자연적 언어라고 생각하지만 사실 인간의 역사 속에서 어린이가 제대로 인식되어 온 시간은 그렇게 길지 않다. 인간은 오로지 의식에 들어온 것만을 이름을 붙이기 때문에 '어른'만을 유일하게 인간의 완성체로 여기던 시절에, 어린이는 정말 미완의 존재로만 인식되어 그 존재적 특이성을 가진 이름을 정확히 가지기는 어려웠을 것으로 사려된다. 마치 인간이 미생물이라는 존재를 제대로 이해하지 못하던 시기에 미생물이라는 말이 인간의 의식에서 부재했던 것처럼, 어린이라는 용어가 인간의 의식에서 제대로 이름을 가지기까지 우리는 많은 시간을 기다려야만 했다.

이러한 어린이의 존재적 미약함의 역사는 오늘날 어린이를 대상으로 공부하는 유아교육 학자들에게 중요한 질문을 던진다. 인간의 의식에서 그토록 빈약하던 어린이라는 의미가 지금은 오히려 영아와 유아, 아동이라는 말과 함께 과도한 지식과 지나친 관심으로 이어지고 있기 때문이다. 루소의 에밀을 거쳐, 스키너의 아이들 그리고 피아제의 딸들을 거치면서 어린이는 인간의 의식에서 주요한 탐구의 대상이 되었다. 현대사회에서 어린이는 한 가정에서 가장 주요한 구성원이며, 국가와 사회를 위한 주요한 인적 자원이기도 하며, 경제를 부흥시키는 지본의 대상이기도 하고, 또 유아교육자들에게는 주요한 교육대상이고 연구의 주제이기도 하다. 오늘날은 유보통합이나 누리과정, 유치원과 어린이집, 영아전담, 방과 후 과정, 유아교사와 보육교사, 각종 특기교육과 유아교육 정책들을 뒤돌아 볼 때 어린이야말로 어른들이 만드는 수많은 사업의 중심 속에 놓여 있고, 어린이에 대한 방대한 양의 지식이 만들어졌다고 볼 수 있다.

그러나 정말 우리는 어린이를 잘 이해하고 있는 것일까? 과거에 비해 엄청나게 많아진 지식의 홍수 속에서 우리는 정말 어린이를 깊숙이 그리고 온전히 이해하고 있는 것일까? 'Contesting Early Childhood' 시리즈를 번역하면서 우리는 어린이란 무엇인지를 다시 한 번 생각해 보지 않을 수 없었고, 유아교육전문가로서 우리들이 가진 지식이 얼마나 협소하고 왜곡되고 비본질적일 수 있는지에 대해 깊은 반성을 하지 않을 수 없었다. B. Davies가 쓴 『*Listening to Children: Being and Becoming*』의 책은 그만큼 어린이라는 존재를 완전히 새롭게 보는 시각을 우리에게 열어주고 있기 때문이다.

본 책에서 Davies가 어린이를 바라보는 시선은 우리가 알고 있는 어린이들보다 훨씬 더 잘 놀고 잘 말하고, 유쾌하고 건강하다. 그들은 이미 정해진 흥미영역을 계획하고 돌아다니는 것도 아니고, 선생님이 이끄는 이야기 나누기나 게임을 하는 것도 아니다. 다만 그저 신나게 놀고, 자유롭게 말하고 또래들과 어울리고, 친구와의 갈등을 제법 잘 해결하는 능력자이기 하다. 그들이 놀이하는 공간은 특별한 곳이 아니고 그저 우리가 알고 있는 유치원, 어린이집의 교실과 바깥놀이터이다. 그곳에서 아이들은 그 자체로 '놀이하는 아이들'이었고 그것을 잘 바라보고 이해할 줄 아는 어른들에 의해 보호받고 존중받고 있다. Davies는 그동안 정전(cannon)처럼 알고 있는 유아교육에 대한 지식들을 넘어서서 대단히 다른 차원에서 어린이를 새롭게 바라보기를 시도하고 있고 더 유의미하게 어린이에 대한 해석과 메시지를 던지고 있다.

Davies의 책을 포함하여 *Contesting ECE*의 시리즈는 이토록 우리가 이미 잘 알고 있는 어린이와 유아교육을 한 차원 다른 관점에서 바라보는 시선을 제안하고 있다. 그리고 이 시리즈의 책들은 그동안 우리가 알던 발달심리학이나 교육학의 차원을 넘어서 인간을 생성의 관점에서 바라보는 J. Deleuze(들뢰즈)의 생명철학의 관점을 다루고 있다는 특이성을 가진다. 이 시리즈에는 유아교육을 전공한 세계 여러 나라의 학자들이 들뢰즈를 공부하면서 그동안 근대의식이 만들어 낸 어린이에 대한 지식을 털어내고 좀 더 어린이의 본질을 이야기하려고 노력하고 있다.

이 책의 번역에 참여한 우리들도 이러한 *Contesting ECE* 시리즈를 접하면서 오랫동안 –유아교육학자로서 시달려온 문제–우리는 어린이를 정말 잘 이해하고 있는가의 질문 앞에 다시 섰고, 어린이를 구원하라는 들뢰즈의 철학을 다시 공부하기 시작하였다. 따라서 본 책은 단순히 번역서이기도 하지만 또한 어린이를 좀 더 잘 이해하고자 모인 유아교육자들이 들뢰즈를 통하여 유아를 다시보기 시작하는 여정의 결과물이기도 하다.

들뢰즈가 어린이를 바라보는 시선을 철학의 틀로 삼은 Brown Davies의 책을 번역하면서 우리들은 어린이를 어떻게 가르칠 것인지를 고민하기 전에 어린이를 잘 바라보는 시선을 더 연습해야 함을 알게 되었다. 특히 유아교육의 상징인 어린이들의 '놀이'에 대하여, 진정한 놀이가 무엇이고 어린이가 그 자체로 놀이에 대해 얼마나 능력자인지를 깊게 이해하면서 놀이가 살아나고 보호되는 유아교육을 다시 써내려가야 한다는 생각을 하게 되었다. 이 책은 어린이의 놀이를 다시 보는 방법을 제안하고 있지만, 사실 유아교육자들이 그동안 관념이 만들어 낸 거대한 지식들을 탈영토화하면서 어린이를 다시 배우는 학자가 될 것을 제안하고 있는 것이라고 생각한다.

Davies가 쓴 책을 통하여 우리는 유아를 새롭게 바라보는 들뢰즈의 혜안과 만나게 될 것이다. 우리는 이 책과 마주하고(encountering), 감응(affect)하고, 생각하고 그래서 이 책과 내적으로 작용(intra-action)하는 나를 경험하게 될 것이다. 또 상승선과 하강선을 타고 탈주를 하며 새로운 영토를 마음속에서 생성하며, 이미 다 성장해 버린 어른이 아니라 여전히 어떤 운동과 실험을 즐기는 학자 되기(becoming) 여정에 들어서는 설렘을 경험할 수도 있을 것이다. 마치 책이 하나의 생명이 되어 나와 내부작용하는 그런 생생한 체험들 같이 말이다.

오늘날 유아교육은 그동안 축적한 어린이에 대한 수많은 지식의 토대 위에서 우리의 의식에 과하게 자리 잡은 어린이의 모습을 뒤돌아보고, 어른의 관념이 인식하는 어린이가 아니라 스스로 놀이하는 인간존재로서 어린이의 본성을 있는 그대로 이해할 필요가 있다. 그리하여 우리는 정말 필요한 시점에 어린이에 대해 새로운 의식을 가질 수 있을 것이다. 이 책은 그러한 노력이 필요하다고 공감하는 모든 어른과 유아교육자들에게 깊은 인상을 줄 수 있을 것으로 기대한다. 또한 우리나라에서 *Contesting ECE*의 시리즈는, Davies의 책을 필두로 이에 못지않은 인상을 안겨줄 Olsson, Moss, Taguchi와 Selllers 등의 책이 이미 번역되었거나 앞으로 출판될 것이므로 우리는 들뢰즈의 상상력을 통하여 유아교육을 새롭게 마주하는 즐거움을 당분간 지속할 수 있을 것이라 생각한다.

이 책이 번역되어 출판되기까지 10여 명이 넘는 유아교육자들이 바쁜 시간 속에서도 꾸준히 만나 들뢰즈를 읽으며 함께 공부하였고, 까다로운 들뢰즈의 용어를 공통감을 가지고 이해하기 위하여 많은 노력을 기울였다. 쉽지 않은 이 책의 출판을 기꺼이 맡아주고, 깊이 읽고 교정해 준 창지사 분들께 감사를 전하며, 무엇보다 어린이를 진정으로 이해하기 위하여 들뢰즈를 공부하며 이 책을 기다려 온 유아교육을 공부하는 학생들에게 고마움과 희망의 메시지를 전하고 싶다.

2017년 10월의 어느 가을이 오는 즈음에

번역에 참여하면서 들뢰즈를 함께 공부한 사람들 씀

차 례

출판시리즈 편집자의 머리말

Gunilla Dahlberg와 Peter Moss

오늘날 우리는 "대안 없는 독재체제"의 위협 아래 살고 있다(Unger, 2005). 이 독재체제는 인간을 '호모 이코노미쿠스(*homo economicus*)'라는 경제적 동물로 규정해 놓고, 이를 전제로 자유 경쟁과 계산, 선택의 기회를 중심으로 우리 사회를 전체화시키는 이야기(totalizing story)를 만들어 내면서 신자유주의적 정부로 몰아가고 있다. 이 내용은 교육 담론에서도 나타난다. 이 책의 저자가 말하듯이, 교육은 "시장 경제에 잘 기여할 수 있는 인간을 생산해 내고 … 측정 가능한 획일적인 결과물을 생산해 낼 수 있도록 세밀하게 살피고 단속하는 미시적 경영에 기반하여 인간을 규제하는 데 초점을 두고 있다."는 것이다. 유아교육의 경우, 신자유주의는 본 출판시리즈인 『*Contesting Early Childhood*』로 최근에 출판된 Moss(2014)의 저서에 잘 표현되어 있다. 그는 이를 '효과적인 보상과 질(質)을 중심으로 한 담론을 만들어 내는 것'으로 설명한다. 곧 유아교육을 실증주의적인 사회과학과 강력한 기술공학적 실천 방식을 결합하여 후에 높은 보상을 가져다 줄 조기 투자, 즉 미래 사회의 유능한 인력을 얻기 위해 어린이에게 조기에 전략적으로 행하는 사회적 투자로 인식하는 것이다. 이 과정에서 유아교육이란 어린이를 "인간 자본(human capital)"의 가치로 환원하여 글로벌화된 자본이 요구하는 유연하고 순응적인 인력으로 창조해 내는 작업이 된다. 이것은 또한 신자유주의의 탐욕스런 질주에 대해 혹여 제기될 수 있는 사회적 불만의 목소리들을 미연에 예방하고 효과적으로 잠재울 수 있는 해독제로서의 명분이 되기도 한다.

그러나 이 대안 없는 독재의 질주에 대하여 아무런 이견(異見)이나 논쟁이 없는 것은 아니다. 이는 단순히 신자유주의 교육의 문제점과 다음 세대에 미칠 영향에 대해 부정적으로 보는 비판적 시각이 있음을 말하는 것이 아니다. 그보다는 우리 시대의 교육 세태에 관하여 좀 더 나은 교육이 가능하다는 희망으로 새롭고 풍부한 대안적인 관점들을 제공하면서, 신자유주의적 독재에 대하여 분명하게 항거하는 움직임과 동요가 있다는 것이다. 본 시리즈로 출판된 Bronwyn Davies의 이 저서는 그와 같은 풍부한 대안적 이야기들을 담고 있다. 이 책은 "여러 가지 많은 관점과 토론으로 이루어진 우리 시대의 대안적인 내러티브들"을 풍요롭게 제시한다.

『어린이에게 귀 기울이기(*Listening to Children*)』라는 제목의 이 책 자체는 여러 출처에서 모은 풍부한 "이야기들의 배치물(assemblage of stories)"이다. 구체적으로, 저자는 "레지오 에밀리아 접근의 영향을 받은 스웨덴 유아교육기관 중에서 특히 내가 방문하였던 Kalmar 시(市)의 Trollet 유아학교의 이야기와 호주 시드니에서 내가 거주하는 지역사회 이야기, 그리고 여러 문학 작품에서 발췌한 내용, 또한 공동전기(傳記) 워크숍(collective biography workshop)에서 내가 발표하고 글로 작성했던 내 아동기의 기억들"이 담겨 있다고 말한다. 이 다양한 이야기를 통하여 저자는 어떻게 "철학적 개념들을 실천적인 교육적 함의로 번역할 것인가."라는 중요하고도 어려운 작업을 수행하였고, 이 과정에서 본 출판시리즈의 취지를 잘 표현해 주었다. 현재 유아교육 분야는 비록 특정한 담론에 의해 지배되고 있긴 하지만, 여전히 여러 대안적인 시도가 활발히 일어나고 있는 곳이다. 저자는 이 현상을 단순히 연구하는 차원에서가 아니라, 실제로 여러 유아교육기관을 비롯하여 어린이와 어른 간에 통찰적 마주침이 일어나는 교육 장면에서 어떻게 대안적인 시도들이 실천되고 있는지를 구체적으로 보여 주고 있는 것이다.

유아교육 분야는 현재 신자유주의적인 내러티브와 그 운영 기법들로, 특히 갖가지 평가 및 측정 기법, 그리고 예측 가능한 일정 기준의 성과를 내야 한다는 집착으로 지배당하고 있는 실정이다. 이 책은 이에 저항하는 선구적인 여러 학자들과 함께, 우리의 교육 경험과 교육적 주제에 관하여 함께 이야기하고 이해를 깊게 할 수 있도록 이끌어 준다. 특히 이 책의 저자인 Bronwyn Davies는 프랑스 철학자 Gilles Deleuze의 사상으로부터 많은 영향을 받았다. 최근 교육학 분야에서도 Deleuze의 영향력이 급증하고 있는데, 본 출판시리즈로 앞서 발간된 Liselott Mariett Olsson(2009), Hillevi Lenz

Taguchi(2010), Marg Sellers(2013)의 저서들을 비롯하여 본 저서 또한 그 대표적인 예가 될 것이다. 이 책에서 저자는 Deleuze 철학의 아이디어와 개념들을 심도 있게 자신의 것으로 전용(專用)함으로써 놀랄 만큼 신선하고 새로운 교육적 관점과 가능성을 열어주고 있다. Foucault가 Deleuze의 사상에 관심을 지니고 앞으로 "들뢰즈의 세기"가 될 것이라고 예견한 적이 있는데, 그의 말이 아마도 맞는 것 같다.

저자는 "Deleuze의 난해하고 복잡한 글이 나를 어디로 이끌어갈지 알지 못한 채 그의 글을 읽고 최근에는 그의 사상을 이용하여 글을 쓰기도 하면서 십여 년을 보낸" 후, 이제서야 "Deleuze의 글은 일종의 투쟁(struggle)"으로 "시간을 요하며 우리 스스로 그것을 경험했을 때에야 비로소 작용하게 되는 개념들을 담고 있다."고 고백한다. 그 "투쟁"은 가치 있는 것이었다. 왜냐하면 "Deleuze가 우리를 이제까지 알지 못했던 영역으로, 미처 생각해 보지도 못했던 영역으로, 아마도 우리가 분명 잊고 있었던 곳으로, 새로운 것을 우리에게 열어주기 위하여 이끌고 가기" 때문이다. Deleuze는 그 어떤 고정된 입장, 즉 이미 알려진 반복적인 사고를 회피하며, 타자(the Other)를 개념적으로 확실히 포획하여 동일자(the Same)르 한 손에 움켜잡고자 하는 충동을 거부하고 이에 저항하는 입장을 시종일관 견지해 나간다. 그는 운동(movement)과 실험하기(experimentation)를 즐기고, 그 어떤 새로운 것과 전혀 예기치 못했던 것이 즉흥적으로 출현할 때 흥겨워한다. 그의 아이디어들은 진정으로 변형적이다.

이 책을 저술하는 동안 저자에게 강하게 영향을 준 또 다른 부분은 그의 이례적인 교육 경력이다. 그는 레지오 에밀리아 시가 운영하는 유아교육기관에서 교육적 경험을 많이 했다. 1~6세 어린이가 있는 그 기관들은 본 출판시리즈 중 Carlina Rinaldi(2006)와 Vea Vecchi(2010)가 발간한 저서에도 소개되었는데, 본 출판시리즈의 다른 저자들 및 세계 여러 학자들에게도 많은 영향을 주었다(그렇지만 아쉽게도 그 영향력은 초등학교 문턱에서 멈추고 말았다고 할 수밖에 없다. 의무교육 수준의 학교에서는 레지오 에밀리아 접근에 대해 그다지 많은 관심을 보이질 않는 것 같다). 이 책에 담긴 저자의 사고는 자신이 인정하듯이 다음과 같이 발전된 것이다.

> 어린이에게 귀 기울이기를 주요 사상적 토대와 실천적 활동 원리로 삼는 레지오 에밀리아 철학으로부터 나는 깊은 영향을 받았다. 레지오 에밀리아 철학이 강조하는 '귀 기울이기(listening)'의 개념에는 차이 및 새로운 사고에 대한 개방적인 자세가 통합되어 있다. 이는 현장전문가 및 교사로 하여금 어린이를 교육하는 일에 대해 창조적으로 사고할 수 있도록 해 준다. 곧 유아교육 분야의 연구와 교육이 일어나는 곳이면 어디든 영향을 미칠 수 있는 철학으로서, 현장전문가이면서 연구자이기도 한 이들이 어린이와 함께 활동하면서 현상을 새롭게 보고 또 자신이 새롭게 존재하는 방식을 열어갈 수 있도록 해 준다.

위 인용문과 이 책의 제목 자체가 말해 주듯이, "귀 기울이기"는 저자의 글에 있어 핵심 주제이다. 물론, 귀 기울여 경청한다는 것은 이미 어디에서건 흔히 강조되는 개념이다. 예를 들면, 다른 사람들을 좀 더 잘 관리하기 위한 의도적인 전략으로 경청하기를 내세우는 경우를 들 수 있다. 그러나 이는 "당신이 말하는 내용을 우리가 이미 알고 있는 내용에 적합하게 끼워 맞추기 위해 귀 기울여 잘 듣겠다."는 식의 태도이다. 귀 기울여 경청한다는 것은 너무도 쉽사리 사람들을 다루기 쉽게 조정하고 통제하기 위하여, 또한 그 기만적인 목적을 감추는 데 활용하는 의사(擬似)민주주의의 얄팍한 허식이 될 수 있다. 그러나 이러한 관점과는 달리, 차이와 타자에 대한 존경에 기초한 윤리적 관계로서의 경청하기가 있다. 이것은 "자신이 아직 알지 못하는 것에 대해 계속적으로 열려 있는 태도로서의 귀 기울임"이며, 레지오 에밀리아 접근에서 Carlina Rinaldi(2006)가 매우 잘 표현한 "발현적인 귀 기울이기(emergent listening)"이다. 이 책에서 저자는 귀 기울이기, 곧 경청(敬聽)에 대해 다음과 같이 표현하고 있다.

> 귀 기울여 경청한다는 것은 그것에 의해 내가 영향을 받을 수 있다는 점을 흔쾌히 수용하는 것이다. 그것은 차이, 특히 자신과 타자 사이에서 발생하는 각각의 순간에서 즉흥적으로 발생하는 다양하고 복잡한 것들, 즉 다양체의 차이에 대해 열려 있음을 의미한다. 귀 기울이기는 자신이 이미 알고 있는 것에 의해 스스로 **묶여 있지 않음**을 의미한다. 그것은 운동으로서의 삶 자체이다. 어린이에게 귀 기울이기는 단지 좋은 교육의 문제만이 아니다. 그것은 타자들과의 마주침, 즉, 타자에 의해 내 자신이 기꺼이 영향받을 수 있음을 삶 자체의 가장 중요한 요소로 보는 일이다. … 그러나 이것보다 더 중요한 것은 경청하기란 새롭고도 놀라운 방식으로 삶을 바라보고 그것과 자신의 관계를 새롭게 볼 가능성을 계속적으로 열어둔다는 것을 뜻한다.

경청하기, 곧 "발현적 귀 기울이기"에 대한 이러한 이해는 레지오 에밀리아 교육의 핵심 사상이다. 실제로 레지오 에밀리아 접근에서는 자신들의 작업을 "귀 기울이기의 교육학"이라고 부른다. 그러나 이러한 귀 기울이기는 보편적으로 잘 이해되지도 않았고, 또 많이들 추구하고 있지도 않다. 오히려 현재 신자유주의 정부가 원하는 주도적인 담론에 따라서 어린이에게 조정과 통제를 하기 위한 목적으로, "발현적 귀 기울이기와 이와 관련된 주의 깊게 배려하기 등의 철학을 그저 평범한 일상적 경청하기로, 다시 말해서 아무런 관점의 전환 없이 어린이의 말을 그저 인내심 있게 거듭 들어줄 것을 당부하는 내용으로 간주함으로써, 우리가 이미 알고 있었던 교수 지침을 다시 반복하는 것으로 오해할 위험이 항상 있다."

이 책에서 이와 관련된 주제들은 모두 마주침(encounter)의 중요성, 특히 차이와 마주치며 깨닫게 되는 만남의 중요성을 강조하고 있다. 즉, 타자에 감응하여 내가 다르게 변용될 수 있다는 사실을 열린 자세로 받아들이는 것, 그리고 우리가 이미 알고 있는 기존의 인식적 범주들에 자신을 묶어 두지 않는 태도, Deleuze의 용어로 "탈주선(lines of flight)"으로 불리는 새로운 사고 및 운동과 실험하기의 중요성, 또한 진화하기(evolving), 되기(becoming)와 사이-내부(in-between)에 있기("발달"과 결코 혼동될 수 없는), 그리고 윤리(ethics)의 핵심적 중요성이다. 저자에 따르면, "내 이야기의 윤리는 운동이 일어나는 현상, 곧 새로운 것의 분출을 우선적으로 가장 중요하게 여기는 데 있다. 그러나 동시에 그 어떤 새로운 아이디어도 다른 것을 희생해서는 안 된다는 점을 결코 소홀히 하지 않으며, 다양성의 진리관을 가치로 삼아 이에 헌신하는 자세를 잃지 않는 것이다." 윤리는 또한 귀 기울이기와 밀접하게 관련된다. 더욱이 "타자와 자신 안에서 출현하는 차이와 아직 우리가 알지 못하는 것과 … 아직 말하여지지 않은 것에 대하여 우리가 열려 있음"을 표현하는 방식들로 귀 기울이기가 실천될 때, 윤리는 이러한 실천 속에서 구체적으로 구현된다고 본다.

이 책에서는 "공동체(community)"란 개념을 탐구하는 부분에서, 어린이가 다니는 교육기관의 잠재성에 대해서도 우리가 깊이 있게 이해할 수 있도록 도와 준다. 저자가 보기에, 공동체는 "공존하는 다양체들 사이의 지속적인 마주침의 만남"을 가능하게 하고 "발현적인 귀 기울이기"를 실천할 수 있는 가능성을 제공한다. 그러나 이러한 잠재적 가능성이 실현되려면 특정한 조건이 갖추어져야 한다. 그것은 우리 자신이 이러한 마주침의 충격에 개방적이 되어야 한다는 것인데, 이는 아직 우리가 아직 알지 못하는 것에 대해, 그리고 타자에 의해 내가 달리 변용되는 것에 대해 열린 자세를 견지함을 말한다. 달리 말하자면, 나와 타자의 만남 속에 "수반될 수 있는 모든 모험"에 대하여 열린 자세가 되어야 한다는 것이다.

그러므로 유아학교를 비롯하여 학교라는 공동체는 "사고와 행위의 다양한 가능성이 공존하는 발현적이고 실험적인 공간이다. … 그곳은 다양한 입구점들과 때로 상반되기도 하는 여러 힘의 선들(lines of force)로 이루어지는 발현적 배치물이다." 공동체는 언제나 "관계적이고 복수적이며 발현적이다. … 여러 모양의 뚜렷한 소로(小路)들이 함께 공존하며 상호 함축적으로 연루되어 있는 장소이다." 그리하여 공동체로서의 학교는 가능성의 장소이며, "풍부하고 무한한 변이성(變異性)"의 장소이고, 그리고 … 그리고 … 그리고 …의 장소이다. 이러한 방식으로 학교를 개념화함으로써 이것이 교육에 주는 함의는 엄청나게 크고 훌륭하다. 특히 협소하게 계산적 · 통제적인 신자유주의의 정신으로 착색된 지배적인 교육 담론에 대해서는 깊이 위협적인 내용이 된다.

신자유주의적 교육 담론에서는 유아학교에 대해 우리의 관점과는 매우 달리 실용주의적인 관점에서 음울하며 파괴적인 정신으로 이해하고 있다. 학교를 훈육과 통제의 장소로 인식하고, 경직되고 범주화된 언어로 사고하는 곳, 또한 "질서와 예측성에 대한 의지로 숨이 막히는" 곳, 더 나아가 오늘날의 "통제 사회(societies of control)"(Deleuze[1992]의 선견적 개념)에서 경영자들을 위해 개발된 온갖 강력한 인간테크놀로지를 적용하여 지식을 재생산하고 예정된 성과를 생산해내는 장소로 보는 것이다. 저자는 다음과 같이 관찰하고 있다.

> 작금의 신자유주의적 정부에서는 자신들의 관점에 잘 부합하는 인간관을 개발해 나간다. 특별히 공동체의 모든 구성원을 측정 가능하고 조정 가능한 존재들로 인식하고, 결국에는 모든 공동체와 그 구성원을 다루기 쉬운 순응적인 사물과 같은 실체로 간주하여 특정한 방식으로 명명하고 범주화하여 예측 가능한 존재들로 만든다.

신자유주의적 교육 담론이 지닌 이와 같이 메마르고 정태적인 사고방식과 세계관으로 인하여 한편으로는 레지오 에밀리아 시영(市營) 학교 및 Trollet 유아학교에서 전개하는 전혀 상반된 성격의 교육, 즉 삶에 대한 긍정적 관점의 교육이 오히려 크게 부각되기도 하지만, 다른 한편으로는 이러한 교육이 위기에 처하게 되기도 한다. 이 책의 저자에 따르면, 신자유주의는 긍정인간학적인 교육적 작업을 허물어뜨리고 그 힘을 약화시킬 가능성이 있다. 레지오 에밀리아 교육과 같은 작업의 힘은 (이 책을 비롯하여 본 출판시리즈의 다른 저서들에서도 나타나듯이) 신자유주의의 대안 없는 독재에 대해 근본적으로 이의를 제기하는 것으로, 우리에게 열정을 불러일으키며 우리를 변용하고 영감을 주는 교육적 대안들이 존재한다는 것을 너무도 선명하게 보여 준다. 이는 Deleuze의 표현을 빌리자면, 우리가 세계를 다시 신뢰할 수 있다는 전망을 제공하기 때문이다.

이 책에서 마지막으로 꼭 언급해야 할 내용이 있다. 레지오 에밀리아의 교육 프로젝트는 새로운 공교육을 창조하기 위해 50여 년간 지속되어온 노력으로서, 수십 년간 레지오와 대화해 온 스웨덴 유아학교와 그 교사들, 그리고 여러 나라의 많은 이들에게 감동을 주었다. 그 결과 스웨덴에서 레지오 교육에 영향을 받은 유아학교들의 네트워크가 발전하게 되었고, 1990년대에는 이들 유아학교와 함께 "변화하는 세계 속의 유아교육"이라는 실천지향적인 연구프로젝트로 실험적인 작업이 행해졌다(이 Stockholm 프로젝트에 관해서는 Dahlberg와 동료들[2013]의 제7장 참조). 이 유아학교들의 네트워크와 레지오와의 대화를 통해 발전한 교육 작업은 스톡홀름 레지오 에밀리아 연구소의 지원을 받았고, 스톡홀름대학교(이전에는 스톡홀름교육연구소)가 이들 학교에 관한 연구를 수행하였다.

이 책에서 저자는 스웨덴의 몇몇 유아학교를 다시 언급하고 있다. 이 학교들은 레지오 네트워크에 속해 있는데, 이 중 한 학교를 저자가 5년 동안 여러 차례 방문하였다. 이들 학교에서는 스웨덴과 이탈리아 두 나라의 서로 다른 문화가 만나 풍부한 성과를 가져왔음을 생생하게 보여 주고 있었다. 저자는 거기에서 매우 특별한 교육 활동을 확실하게 목격하였다.

> 그곳에서 나는 훌륭한 교사들과 페다고그, 그리고 어린이들을 만났다. 그들은 새로운 생각과 자신의 새로운 존재방식을 세상에서 열어가기 위해 나의 작업에 함께 참여하였다. 다른 사람과 함께 참여하는 이러한 실험적인 개방성은 내가 이 책에서 탐구하려고 하는 귀 기울이기 노력에 있어 절대적으로 필요한, 매우 중요한 내용이다. … 그들이 나를 그들의 공동체에 참여하도록 초대했을 때, 그들은 내가 그곳의 지속적인 실험하기 과정에 함께 속하는 일부가 되길 원했다. … 레지오 에밀리아 정신의 공동체에서 환영받는다는 것은 새로운 사고를 위한 잠재적 촉매로서 역할하는 것이다. 다시 말하자면, 외부에서 무언가 우월한(또는 열등한) 지식을 가져다줄 사람으로서가 아니라, 새로운 발견이 이루어지는 지속적인 발현적 기획 속으로 들어가는 자로서 참여하는 것이었다.

위 내용은 레지오 에밀리아 접근의 귀 기울이기 교육과 기록작업, 그리고 운동 및 실험하기를 실천하고 있는 스웨덴 유아학교와 그 교사들의 역량에 대해 언급한 것인데, 여기에서 처음 언급하는 것이 아니라 본 출판시리즈의 다른 저서에서도 이미 소개되었다(Dahlberg & Moss, 2005; Olsson, 2009; Moss, 2014, 참조). 그러나 이 현상에 대해 잠시 성찰해 보자. 스웨덴의 유아교육 개혁 방식은 매우 훌륭한 것이었다. 이들은 생후 12개월부터 만 6세까지의 모든 어린이를 위해 훌륭히 교육받은 교사들과 함께 보육과 학습, 양육이 잘 통합된 체제로 유아학교를 운영하고 있다. 또 하나 인상적인 부분은 이 교육체제에서 제공하는 매우 우호적인 환경이다. 이 우호적인 환경은 대안적인 교육 접근을 위하여, 그리고 새로운 이론을 실천하고자 하는 교사들을 위하여 창의적으로 사고하는 운동과 실험하기를 격려하고 지지한다.

이 교육체제가 주로 지역에서 민주적으로 선출된 시영(市營) 자치조직으로 운영된다는 점을 꼭 언급하고 싶다. 이 조직은 공립체제로(레지오 에밀리아 시의 유아학교들과 마찬가지로), 유아교육을 공동 선(善)(common good)의 개념으로 인식하고 지금까지 신자유주의의 독단적인 시장 논리와 민영화(民營化) 논리에 항거하여 왔다. 또한 교육적 다양성과 경계를 넘나들며 새로운 실험을 원활히 할 수 있도록 필요한 조건들을 제공하기 위하여 기존의 제반 구조를 바꾸면서까지 우호적인 자세를 보여 주었다. 그런 까닭에 우리는 Bronwyn Davies의 이 책에서 교육적이면서도 또한 정치적인 성격을 띤 중요한 질문들을 만날 수 있게 된다. 해당 지역에 적합하면서도 체계적인 교육적 경영을 어떻게 개발해 나갈 것인가를 묻는 질문들이다.

이 책에서 다루는 내용은 레지오 에밀리아 접근이나 스웨덴의 사례, 또는 유아교육에만 관련된 것이 아니다. 독자는 선불교(禪佛教), 전래 동화, 그리고 저자가 어린 클레멘타인과 맺는 우정, 또한 예술에 대한 이들의 애호심과 친근한 이웃의 모습에 이르기까지 많은 이야기들을 접하게 될 것이다. 독자 여러분은 아마 이 여정을 매우 즐기게 될 것이다.

참고문헌

Dahlberg, G. and Moss, P. (2005) *Ethics and Politics in Early Childhood Education*. London: Routledge.

Dahlberg, G., Moss, P. and Pence, A. (2013) *Beyond Quality in Early Childhood Education and Care: Languages of evaluation* (3rd edn). London: Routledge.

Deleuze, G. (1992) "Postscript on the societies of control.". *October* 59: 3–7.

Lenz Taguchi, H. (2010) *Going Beyond the Theory/Practice Divide in Early Childhood Education: Introducing an intra-active pedagogy*. London: Routledge.

Moss, P. (2014) *Transformative Change and Real Utopias in Early Childhood Education: A story of democracy, experimentation and potentiality*. London: Routledge.

Olsson, L. M. (2009) *Movement and Experimentation in Young Children's Learning: Deleuze and Felix Guattari in early childhood education*. London: Routledge.

Rinaldi, C. (2006) *In Dialogue with Reggio Emilia: Listening, researching and learning*. London: Routledge.

Sellers, M. (2013) *Young Children Becoming Curriculum: Deleuze, Te Whāriki and curricular understandings*. London: Routledge.

Unger, R. M. (2005) *What Should the Left Propose?* London: Verso.

Vecchi, V. (2010) Art and Creativity in *Reggio Emilia: Exploring the role and potential of ateliers in early childhood education*. London: Routledge.

감사의 글

Acknowledgements

나는 Kalma 시의 Trollet 유아학교에 있는 사랑스러운 아이들과 훌륭한 교사들, 그리고 그들과 함께 작업하는 페다고그들에게 먼저 감사하고 싶다. 특별히 Trollet 유아학교에 내가 연례적으로 방문하도록 초청해 주고 편의를 제공한 Christina Nilsson과 Birgitta Kennedy에게 감사를 전하고 싶다. 스웨덴 레지오 에밀리아 연구소의 Harold Gothson 역시 내 작업에 많은 격려와 지원을 해 주었는데, 그에게 따스한 감사의 마음을 전한다. 또한 이 연구 및 저술 기간 동안 내가 방문했던 레지오 에밀리아 접근의 다른 스웨덴 유아학교 교사들과 교육자들에게도 감사하며, 특별히 Jönköping 시에 있는 HallonEtt 유아학교의 Karin Alvernick에게 감사를 전한다.

우리 집 가까이에 거주하는 지역사회 분들께 마음을 다해 고마움을 표하고 싶다. 특히 클라우디아와 매트 보우맨, 두 분의 어린 딸 클레멘타인에게 감사한다. 클레멘타인은 자신의 그림을 제공하고 나와 함께 시간을 보내주면서, 이 책의 내용에 중요한 활력을 제공했다.

Dan Davies는 이 책에 삽입된 그림 도판 17번과 18번을 제작해 주었다. 그의 지혜롭고 열린 통찰에 특별한 감사를 보낸다.

이 책의 내용을 거듭 읽고 조언해 준 나의 친구 및 동료들과 함께 나는 진정한 마주침의 만남이 이루는 존재론적 인식론의 공간을 통해 사고를 확장해 나갈 수 있었다. 그런 기회가 없었다면 이 책의 저술이 이루어지지 못했을 것이다. 이들과 함께 열정의 공간을 공유함으로써 새로운 사고가 일어날 수 있었으며, 언제나 새로운 되기의 과정이 발현적으로 일어날 수 있었다.

집 옆에 있는 페트롤 카페에서 나는 이 책을 위한 많은 새로운 아이디어와 글쓰기를 하곤 했는데, 그 직원들에게도 감사한다.

이 책에서 부분적으로 수정된 형태로 활용한 나의 논문과 책은 다음과 같다.

Davies, B. (2014) "The affective flows of art-making". *Bank Street Occasional Papers.*

Davies, B. (2014) "Reading anger in early childhood intra-actions: A diffractive analysis". *Qualitative Inquiry* 20(7), first published on 10 April 2014 as doi: 10.1177/1077800414530256.

Davies, B. (2014) "A feminist line of flight with the Fairy Who Wouldn't Fly". In E. Söderberg, M. Österlund and B. Formark (eds), *Fliktion. Perspektiv på flickan i fiktionen.* Universus Academic Press: Malmo, pp. 293–307.

Davies, B. (2011) "Intersections between Zen Buddhism and Deleuzian philosophy". *Psyke and Logos* 32(1): 28–45.

Davies, B. (2011) "Open listening: Creative evolution in early childhood settings". *International Journal of Early Childhood* 43(2): 119–132.

Davies, B. (2011) "Listening: A radical pedagogy". In S. Fahlgren (ed.), *Challenging Gender: Normalization and beyond.* Mid-Sweden University, Sundsval: Forum for genusvetenskap, pp. 107–120.

Davies, B. (2010) "The implications for qualitative research methodology of the struggle between the individualized subject of phenomenology and the emergent multiplicities of the poststructuralist ~~subject~~: The problem of agency". *Reconceptualizing Educational Research Methodology* 1(1): 54–68.

Davies, B. (2009) Forskolan – en demokratisk tankesmedja? *Modern Barndom* 1(9): 25–27.

O'Harris, P. (retold by Bronwyn Davies) (2014) *The Fairy Who Wouldn't Fly.* Canberra: Australian National Library.

CHAPTER 1

어린이와 공동체

Children and community

어린이에게 귀 기울이기에 관한 이 책의 구상은 레지오 에밀리아 접근을 적용하고 있는 스웨덴의 한 유아학교에서 받은 나의 감동으로부터 시작되었다. 그곳에서 나는 아주 놀랄 만큼 훌륭한 교사들과 학자들, 그리고 어린이들을 만나게 되었는데, 우리는 새로운 생각과 방법들을 함께 시작해 보자고 뜻을 모으게 되었다. 이처럼 타자와 함께하기를 펼쳐 보는 실험은 이 책에서 내가 탐구하고자 하는 일종의 귀 기울이기에 있어 필수적인 것이다. '귀 기울이기'는 자신이 감응되는(being affected) 것을 향해 자신을 열어 가는(being open) 것이라고 생각한다. 귀 기울이기는 차이에 개방적이며, 특히 자신과 타인 사이에 매 순간 나타나는 모든 다양성의 차이에 대해 열려 있는 것이다. 귀 기울이기는 내가 이미 알고 있는 그 무엇에 묶인 존재가 **아닌** 것들에 대한 '듣기'이다. 그것은 운동(movement) 같은 삶이다. 어린이에게 귀를 기울인다는 것은 단순히 좋은 교육의 문제만을 말하는 것이 아니라, 어떤 타자와 마주함을 통해 감응되는 존재로서 서로를 향해 열린 삶 그 자체라고 생각된다.

여기서 중요한 점은 타자와 대면한 존재들은 차이를 향해 개방되어 가는 것으로, 이는 각 개별적 존재의 독창성과 특이성을 부인하거나 역행하는 것이 아니고, 또 단순히 각 개인이 가진 특이성을 그저 인정하는 것도 아니다. 오히려, 여기서 주장하고자 하는 것은 우리 모두는 타인과의 마주함을 통해서 감응이 발생한다는 것이고, 그 마주함에서 각 개인의 특이성은 **운동적이고**

내부작용적(*mobile* and *intra-active*)으로 된다는 점이다(Lenz Taguchi, 2010). 마주함을 통해 우리의 역량은 감응되고 재구성되는데, 이는 우리의 특이성을 **향상**(*enhances*)시켜 주며, 사고와 행동 능력을 **확장**(*expands*)시켜 준다(Dahlberg & Moss, 2005).

이 책은 어린이에게 귀 기울이기가 무엇인지, 또 무엇이 될지에 대한 탐구 공간이고, 내가 여러 다양한 출처에서 나온 이야기를 소개하고 설명하고자 하는 것이다. 구체적으로 레지오 에밀리아에서 영감을 얻은 유아교육기관들, 특히 내가 방문한 스웨덴의 Kamar의 Trollet 유아학교에서 나온 이야기를 비롯하여 호주 시드니에 살고 있는 우리 지역사회에서 나온 이야기, 그리고 여러 문헌을 비롯하여, 공동전기 워크숍(collective biography workshop)에서 내가 말하고 기록했던 어린 시절의 추억에서 나온 이야기가 다루어질 것이다(Davies & Gannon, 2006). 이 책의 제1장에서 나는 Trollet 유아학교에서 시작된 이야기를 펼쳐나가면서 공동체가 무엇인지에 대한 개념적 이해와 실천에 대해 생각해 보려고 한다. 제2장에서는 내가 사는 지역을 포함하여 아주 다양한 곳으로부터 나오는 이야기들을 가지고 발현적 귀 기울이기(emergent listening)가 무엇인지에 대한 개념을 살펴보고자 한다. 제3장에서는 정체성(identity)과 내부작용적 되기(intra-active becoming)에 대하여 우리가 물을 수 있는 다양한 질문들을 분석하고 확대해 가고자 하는데, 이는 나의 생애사 중 한 이야기에서 시작해서, Trollet 유아학교로 돌아온 다음 내가 사는 지역사회로 다시 돌아오는 순서로 진행될 것이다. 제4장에서는 상충하는 힘의 선에 초점을 맞추고 Tollet 유아학교의 두 소년 사이에 드러난 분노 정서를 분석하고 일부 불교 개념을 혼용해서 이를 소개하고자 한다. 제5장에서는 앞의 네 장에서 소개한 개념들을 나의 일상적 실천 속으로 가지고 들어와서 다시 탐구해 보고자 하는데, 이는 내가 사는 지역의 클레멘타인이라는 아이와 몇 년간 함께해 온 예술작업들을 탐구해 보는 과정을 통해서 이루어질 것이다. 이 책의 마지막 장에서는 앞서 여러 장에 걸쳐 분석한 내용이 궁극적으로 귀 기울이기에 관한 어린이들의 이야기를 쓰는 데 어떻게 활용될 수 있는지, 그 방법들을 탐구해 볼 생각이다.

방법론에 대한 노트: 개념과 실천으로서의 회절방식
Methodological note: Diffraction as concept and practice

이 책의 연구 방법은 Barad(2007)의 용어를 따라 내가 소위 '회절 방법(diffrac-tive methodology)'이라고 부른 것이다(Hultman & Lenz Taguchi, 2010, 참조). 회절 방법이라는 것은 질적 연구에서의 반성성(reflexivity)이라는 용어에 대한 개념이나 실천을 대체해 주는 적절한 용어이다. 반영(reflection) 또는 반성성(또는 반사성)은 은연 중에 실제(actual) 세계의 대상이나 물질을 반영하는 빛의 패턴에 대한 현상을 내포하는 용어들이다. Barad가 말한 것처럼 반성적(반사적) 연구의 목적은 연구자와 분리된 시선을 실제로 **재현하고자**(*represent*) 하면서 양적 연구를 명료화하는 데 사용한다. 그와 같은 재현(representation)은 보수적 힘으로 작용할 뿐만 아니라, 반사된 시선에 잡힌 물체가 한시도 고정된 대상일 수 없다는 사실 자체도 모호하게 만들어 버릴 수 있다는 점에서 위험하다(Davies et al., 2004; Lenze Taguchi, 2012; Lenz Taguchi & Palmer, 2013). 빛을 이용한 물리실험에서 Barad가 관찰한 바에 따르면, "반사만으로는 충분하지 않고 오히려 개입이 핵심이다(Barad, 2007: 50)."라고 한다. 회절은 이미 존재하는 것의 이미지를 재구성하지 않지만, 진행 중인 생산에는 실제로 관여한다.

그래서 이 책에서는 반사와 반성이라는 용어도 질적 연구의 주요 분석도구로 사용하기도 하지만, 동시에 은유와 실천으로서 회절이라는 단어를 더 적절하게 사용하고자 한다. 이는 우리의 습관화된 사고를 아주 강하게 간섭하고 들어가서 새로운 사고를 할 수 있도록 도울 수 있을 것이다. 반성과 반사적 사고가 어떤 때든 **차이**(*difference*)를 발견하여 자료화할 때, 회절은 그 **차이가 만들어지는**(*difference is made*) 과정, 그 자체를 말하는 것이다.

> 회절은 사전에 주체와 객체가 무엇인지 고정하지 않으므로, 하나의 텍스트나 일련의 아이디어가 고정된 틀이나 참조로 사용되는 전통적 방식과는 다르다. 따라서 회절은 차이가 발생하는 것을 밝히는 데 유용한 방식으로 서로를 깊이 있게 읽어 낸다. 즉, 차이가 어떻게 다

> 른지, 종종 분석에서 제외되는 대상 및 그러한 제외가 왜 중요한지의 여부를 밝혀 준다. (Barad, 2007: 30)

실증적 방법을 쓰는 논문 연구는 그 자체가 반드시 차이를 만들어서는 안 되는 것으로 인식된다. 왜냐하면 그 연구결과는 반드시 항상 이미 존재하는 것을 밝혀내는 것이기 때문이다. Barad(2007)는 관찰의 기술이란 실재 무엇이 관찰되었는지를 분리시키는 것이 아니라, 항상 관찰되고 실험된 실재들의 내부작용(intra-acting)을 감응력과 간섭력으로 함께 이어 가는 것이라고 강조한다. 회절방법은 그 간섭의 패턴을 추적하는 것이고 그 패턴으로부터 그 세계가 지속적으로 창조하는 것을 회절을 통해 발견해 내는 것이다. 따라서 회절적 접근은 **마주침**(*encounter*)의 대상의 존재적–인식론적 공간을 열어 주는 것과 같다.

만남–마주침의 개념은 한 존재로 들어오는 ~~주체(subject)~~를 통한 지속적인 내부작용(intra-active)에 초점을 두는 것이다. 여기서 주체라는 단어(말)를 통해 발생하는 선(line)은 '우리가 사용하는 언어가 실재로 존재하는 실체들을 불러내어 담화 방식(modes of enunciation)'로 고정시키는 것을 방해한다. 그 언어들의 선은 이미 고정되어 있는 것들을 오히려 지워 나가는 것이다. ~~주체~~는 존재하지만 그 존재는 더욱 고정되지 않는 유동성과 내적 운동성을 가지고 있으며, 우리가 평상적으로 말하는 담화(modes of enunciation)의 명증성보다는 훨씬 더 다중적임을 말해 준다. 따라서 회절방식을 사용하는 연구자는 그 연구가 마주하는 대상들과 상관없이 존재함을 말하려는 것이 아니고, 그 대상과 마주함으로써 일어나는 내적 진리들을 열어 펼치고자 하는 것이다. 즉, 연구가 마주한 순간에 진실적으로 되어 가는 것, 존재론적으로 **그리고** 인식론적으로 되기 과정에 접근해 가는 것이다. 그러므로 연구에서 마주함(만남)은 실험적인 것인데, 연구자는 존재–인식론적 지식들이 서서히 무엇으로 발현되어 나타나게 될지를 미리 알지 못하기 때문이기도 하다(Hultman & Lenz Taguchi, 2010; Lenz Taguchi, 2012).

회절, 즉 데이터 생성이나 해당 데이터의 분석작업 개념인 회절은 분석과정을 고정시켜 따라야 할 일련의 절차적 방법으로 전환하는 것이 아니다. 오히려 '차이'에서 오는 문제를 볼 수 있는 가능성을 열어 주며, 우리가 관찰하는 세계뿐만 아니라 연구의 실천에서도 어떻게 차이가 문제되는지를 볼 수 있게 열어 준다.

> 그래서 (물리학)적 회절방식은 차이를 측정하는 것이면서 오히려 더 앎의 존재론적 속성을 포함하여 우리가 사는 세계의 복잡하게 얽힌 변화의 구조들을 더 심오하게 밝히고, 드러내 주고, 명확하게 해 주는 것이다. 말하자면 사실 회절방식은 아주 복잡하게 꼬인 실타래 같은 사실들을 드러내 밝혀서 그 자체가 얽힌 현상들임을 말해 준다.
>
> (Barad, 2007: 73)

사고나 개념 그리고 실천들도 빛의 입자, 일렁이는 연못의 잔물결, 또 거대한 대양의 굴절되는 파도들처럼 서로 영향을 미치고 간섭한다. 관념과 물질들은 서로서로 비슷하게 감응한다. 물결이나 바람, 또는 다른 물질(돌, 모래, 암석, 인체 …) 없이는 물결과 물결 모양의 거품은 존재하지 않는다. 마찬가지로 우리는 사회과학 연구자로서 우리에게 영향을 미치는, 또한 끊임없이 변화하는 일련의 움직임에서 영향을 받는 물질과 의미의 일부에 해당한다.

그러므로 우리가 관여하게 되는 각각의 행위와 해석은 윤리적인 문제와 문제화이다. 무언가가 '문제(matter)'화된다고 할 때, 그것은 그 물체가 운동하는 방식과 서로를 이끌어 내는 지각방식 모두가 역동적으로 변화하고 있는 상태를 말하는 것으로서, 무엇이 일어나는지에 대한 의미를 발생시키고 서로 감응하도록 한다는 점에서 물질적 몸체가 되며 그것이 존재의 본질이 된다. "질료화/물질화(mattering)한다는 것은 동시에 실체(substance)이고 중요성에 대한 문제(matter)이다(Barad, 2007: 3)."

회절적 방법론을 채택하는 것은 하나의 명쾌한 자료 분석을 생성해 내고 싶은 욕망으로부터 다중적 방향, 순간적으로 상세한 해석의 패턴에 내재적으로 귀 기울이는 욕망 쪽으로 이동하는 것이다. 간섭은 여기에 바람직하지 않은 것이 아니라 존재의 본질에 해당한다. 삶은 그 자체가 자기동일적 실체(개념, 감응, 지각, 수행, 정체성 같은 것)들과 분리되는 문제가 아니며, 그들 내부에서 혹은 그들 간의 움직임의 문제이다. 연구자로서 나 또한 그러한 운동의 불가피한 부분에 해당된다. 내가 어떤 방식으로든지 행위하고 사고하는 것은 모두 물질적인 것이다. 이것은 매우 윤리적인 차원을 말한다. 물질화, 즉 차이 만들기에서 내가 그것을 깨닫는 것과 상관없이 내가 나의 연구에 역동적으로 참여하는 한 윤리적 책임감에서 벗어날 수 없다.

이 책의 목적을 위해서, 나는 연구를 객관적으로 마치 관찰가능한 실체인 양 분석하며 쓸 수는 없다. 그것은 일련의 움직임이 일어나는 것이며, 나는 이미 회절방식으로 그들을 보려고 하였고, 회절화시켜 생각해 보고자 함으로써 이미 감응되었다. Barad가 제안한 바와 같이 연구에서 분석한다는 것이 의미, 물질 및 윤리 간의 만남(마주침)일 경우, 이러한 만남은 항상 이미 분석하고 있는 의미와 물질화에 **감응하고**(*affecting*) 또 감응된다. 이것은 질적 연구의 약점으로 읽혀져서는 안되며, 오히려 Barad의 용어로 "세계를 구성하는 기본 구성 요소"에 더 가까워지는 수단으로 이해되어야 한다(Barad, 2007: 72). 지금 내가 하는 이야기나 분석 작업은 내부적으로 작용하는(intra-acting) 마주침들과의 얽힘 그 자체이며, 그 마주침에 대한 활성화된 글쓰기 작업 또한 이 얽힌 운동성들의 매우 복잡한 배열 안에서 아직 밝혀져 나오지 않은 여러 요소 중의 하나에 불과한 것이라고 말하고 싶다.

Berlant가 관찰하였듯이, "회절적 분석은 매우 '오래되고 낡은 관계'를 종종 새로운 위계를 가진 '문화적 전통'으로 자연스럽게 이동하도록 하고", 그래서 그것은 '귀 기울여 듣는 사회적 공간을 열어 주고, 지각 가능하고 또한 견고한 이론'을 요청하며 더 앞으로 나아가도록 요구한다. 우리는 우리가 마주친 자들에게 스스로 열게 되는데, 이는 각각 마주친 자들에 의해 변화되는 존재로 열게 된다는 것을 의미한다. 그러한 과정들은 우리가 "각 에피소드에서 생략되거나 탈락된 것들을 쓸 수 있는 작가나 시인이 될 것을 요청한다."(Berlant, 2010: 103).

그렇게 마주친 사람들은 아래의 이야기에서 나타나듯이 타자와 인간 또는 인간과 비인간(non-human)을 포함하여 함께한다.

일기의 시작: 전혀 예상하지 못한 장소에 도착함. 2011년 9월
우리가 Copenhagen을 향해 비행하면서 엄청난 폭우 속을 지나게 되었는데, 구름이 산처럼 높이 쌓여 있고, 검푸른색을 띤 거대한 하얀 솜뭉치 같은 구름들이 남보라빛 색을 뒤에서 휘감고 있는 광경을 목격하게 되었다. 결국 비행기가 착륙하지 못하고 스웨덴의 Malmo라는 도시로 회항하게 되었는데, 폭풍우는 계속 우리를 따라오고 있었다. 비행기 기장은 원래 폭풍우가 지나면 우리를 Copenhagen에 다시 내려주겠다고 했으나 우리가 활주로에 착륙했을 때는 조종실에서 이미 여유 시간이 없다는 것을 발견했다. 결국 우리는 Copenhagen에 가지 못했다. 그 날은 국경일이었고, Malmo에는 우리를 다시 Copenhagen으로 운항해 줄 수 있는 조종사도 없었다. 결국 24시간의 비행 끝에 우리는 Malmo의 활주로 위에서 오도가도 못하는 신세가 되었다. 그때 나는 전혀 예상하지 않은 장소에 불시착하여 서 있는 이 상황이 도대체 무슨 의미인가를 생각할 수 있는 충분한 시간을 가지게 되었다. 나는 종이와 펜을 꺼내 들고 무언가 써 내려가기 시작하였다. 내가 마주한 것은 무엇인가?
앞으로 6주 동안 나는 무엇을 할지 골몰하기 시작했다.

누군가 어떤 공간에서 무슨 일이 일어날지에 대해 미리 예상하여 말한다 할지라도, 그곳에서는 그보다 더 놀랄 만한 일들이 늘 일어나게 된다. 즉 무슨 일이 일어날지를 미리 예상한 그 잠재성(virtual other)과 그리고 정말로 출현한 실제성(actual other)은 이미 무언가를 열어주는 관계에 있다. 이러한 열림은 기껏해야 너무 둔해서 우리를 크게 강타하지 못하는 아주 미약한 것이거나, 아니면 아주 급작스런 스파크처럼 일어나서 이전에는 미지의 세계처럼 해석이 안 되었던 것들이 갑자기 더 명료해지는 그런 열림을 만들어 줄 수도 있다.

모든 것은 움직이는(shifts) 상태에 있고 그 움직이는 흐름의 순간 간신히 그 흔적을 추적할 수 있을 정도로 찰나 같은 것이기도 하다. 그러나 그것은 어쨌든 그 궤적을 남기는데, 어떤 새로운 사고, 즉 이전에는 생각할 수 없었던 그런 사고가 출현하기도 한다. 그러한 마주함은 한 사람과 하나의 책 사이에서도 가능하고, 또는 한 권의 책과 그 작가 사이, 혹은 그 책과 그 종이 사이에서도 가능하다. 혹은 한 사람이 쓰고 있는 두 장의 다른 종이 사이에서도 가능하다. 혹은 어떤 사람과 거대한 폭풍우 사이에서도 가능한데, 그 폭풍우가 그 사람에게 바로 어떤

> 글쓰기를 하도록 자극하는 그 순간이 일종의 그런 운동과 변화가 일어나는 때인 것이다. 그 폭풍 속의 구름은 그 비행기를 경로에서 벗어나도록 밀어붙이기도 하고, 나를 펜을 들고 무언가 글쓰기를 하도록 급히 몰아붙이기도 한 것이다.
>
> 나는 아마도(이 폭풍우를 만나지 않았다면 이 여행에서 아무것도 쓰지 않았을지도 모른다.) 내 자신이 지구의 극반구에서 다른 쪽으로 침범해 가는 격정적인 일에 휩쓸리지 않았다면 나는 집에서 편안하게 나의 삶이 그냥 흘러가도록 내버려 두었을 것이다. 어떤 만남-마주침을 향해 개방한다는 것은 아직 생각을 정박시키지 않고 계속 방해하면서 그것을 운동하고 움직여 가도록 하는 것이다.

회절적 분석에서 '연구자'만 행위주체자(agent)가 아니다. 폭풍우 속 구름이 마치 비행기 조종사 옆에 있는 친구나 동료처럼 여겨지듯이, 유아교육기관에서 관찰될 수 있는 아이들, 동료, 친구들, 책들, 모두 다 내 사고의 과정에 적극적이고 역동적으로 간섭하는 존재들이다. 폭풍우 속 구름, 조종사의 규칙, 친구, 동료, 유아교육기관에서 관찰된 어린이, 책, 모두가 내 사고과정에 적극적으로 간섭한다. 나의 사고과정은 행위주체적이며, 구름, 조종사, 예상되는 만남과 회의, 종이와 연필 등으로 진행된다. 각각은 연구라는 바다에서 파도 또는 잔물결, 또는 거품의 얼룩처럼 겹쳐지며 서로 간섭하고 행위한다(Hultman & Lenz Taguchi, 2010).

여기서 내가 행한 분석은 시작과 끝이 분명한 선형과정이 될 수 없다. 이 분석은 연구문제와 질문을 **간섭**(*interferes*)하며, 질문은 분석을 간섭한다. 분석은 새롭고 예측할 수 없는 일이지만 거기에는 새로운 일련의 만남이 있다. 이는 어렵고 까다로운 작업이며, 이미 알려진 진부한 상투적 문구 및 설명, 그리고 구태의연한 매달림을 과감히 내버릴 수 있는 능력을 요구한다. 그것은 아직 알려지지 않은 부분을 만남의 공간에서, 즉 내 편이 아니라 독자의 입장에서도 드러나도록 하는 힘든 인식론적, 존재론적 작업에 해당한다.

공동체의 실천과 개념 The concept and practice of community

만약 어떤 마주함이 삶의 그 자체로서 아주 깊은 울림을 가지고 일어난다면, 그 마주함이 펼쳐질 그 공동체는 '어린이에게 귀 기울이기'를 탐구할 만한 좋은 장소일 것이다. 나는 이 책을 통해 내가 구상할 몇 가지 주요한 철학적 개념들을 소개하려고 한다. 그리고 그 철학적 개념들을 그 공동체의 실천과 이념들에 관해 생각해 볼 수 있는 그런 사유의 공간을 열어 주는 일이기도 하다. 그리고 이 이야기를 스웨덴의 동남쪽의 해안에 있는 Kalmar라는 도시에서 레지오 에밀리아 접근의 영감을 받은 한 작은 유아교육기관인 Trollet 유아학교 어린이들의 이야기로부터 시작하고자 한다.

레지오 에밀리아 철학은 특별하게 '공동체'에 기반을 두고 있어서 그 지역에 있는 사람들은 자주 그곳을 방문하여 어린이들과 다양한 활동을 함께하고 또 정기적으로 기관의 바깥으로 나들이도 같이 간다(Rinaldi, 2006). 그 기관은 차이와 다름을 향해 열어 가는 것을 매우 중요한 가치로 여기고 있다. 그러나 비록 나의 공동체에 대한 구상이 레지오 접근에서 깊은 영향을 받았다고 할지라도 나는 이 책에 레지오 에밀리아의 철학을 박람회처럼 전시하면서 단지 찬양만 하려고 하는 것이 아니라는 점을 말해 두고 싶다. 또한 내가 Trollet에서 보고 들은 것을 마치 공동체가 **어떠해야**(*should*) 하는지에 대한 유일한 좋은 예처럼 말하려고 하는 것도 아니다. 그것을 유일한 도덕이나 윤리인 것으로 여기며 이 책에서 펼쳐지는 모든 논의점을 포장해 가려고 하는 것은 더욱 아니다. 이 책은 단지 필자가 Trollet 유아학교를 지난 5년 동안 방문하면서, 거기서 마주친 유아들, 교사들과 교육학자들을 통해서 배워나간 것들에 대하여, 그리고 그곳에서 한 공동체가 일상적으로 수행해 갈 수 있는 것들이 무엇이 있는지를 소개해 보려는 것이다. 공동체가 **해야 할**(*doing*) 일 중의 하나는 지속적으로 새로운 '마주칠 것'들을 발현시키는 것이며, 어떤 규칙이나 도덕성으로 통제될 수 없는 복잡성을 수행하는 것이다.

내가 들려주고자 한 이야기는 아이들이 어른들과 함께 다른 아이들과 내부작용을 하고, 대화에 참여하고, 실험하고, 다양한 이질적인 마주침에서 스스로를 구성한다는 점을 보여 준다. 아울러 권력과 행위주체성을 가진 아이들, 윤리적인 주체로서의 아이들, 그리고 아직 알려지지 않은 것을 가능하게 하는 방식으로 경청하는 아이들이라는 점을 보여 주고자 한다. 내가 하려는 말은 아이들은 다른 사람들, 어른들, 그리고 그들의 공동체에서 항상 발현됨으로써 완성되는 물질적 세계와 상호적으로 몰두(engagement)한다는 것이다. 나는 그 순간에 발생하는 이야기들과 그 물질성, 그리고 그들의 정서에 깊게 감응해 보았는데, 그것은 내부작용의 **유동성**(*mobility*)을 가시화시켜 보는 좋은 경험이었다. 여기서 내가 나름대로 종합해 보고자 하는 것은 공동체를 향한 직관적 사고이다. 그 공동체는 아직 구체적 실체는 아니지만, 동시에 주변에 존재하는 그 복잡한 다양성들과 지속적으로 마주치는 것을 수행하여 왔다고 볼 수 있다. 공동체는 또한 발현되는 것인데, 그것은 개개인이 성공적으로 **내부작용**(*intra-action*)을 행하면서 되기(becoming) 과정의 순간에 있는 것과 같다. "내부작용(intra-action)"이란 내적으로 활성화되어 운동하는 것이며, 단순한 상호작용(interaction), 즉 이미 존재하는 두 존재가 만나는 것과는 구별되는 마주함인데, 각 참여자가 감응되고 감응된 다른 존재를 향하여 열리는 것을 말한다(Barad, 2007; Lenz Taguchi, 2010).

여기서 공동체의 개념에 관한 나의 생각은 인구학적 용어로 지도상 어떤 특정 지역에 모여 사는 사람들을 뜻하는 그런 지역적 개념이 아니다. 또한 그것은 어떤 체계나 구조 속에서 주요한 관심사를 공통으로 가지는 그러한 집단을 말하는 것도 아니다. 어떤 공동체든 그 공동체에 영향을 주는 많은 외적 구조를 가지고 있고, 그 외적 구조들은 어떤 힘, 즉 영향력으로 작용하고 있다. 그래서 그 힘들은 결국 그 공동체가 지속적으로 인식 가능하게 하는 감각들을 형성하도록 돕고 있다. 예를 들면 재정적 구조와 정부 정책들도 외적 구조의 힘으로 작용하면서 꾸준히 이러한 과정에 상당한 영향력을 행사한다. 마치 사회의 통념이나 실천방식이 또 외적 구조의 힘으로서 그 사회의 성 역할이나 인종, 계급의 차이에 영향을 미치듯이 말이다. 그러나 만약 이 책에 등장하는 공동체의 이야기, 즉 그 안에서 어린이와 어른들이 만들어 내는 차이에 관한 이야기들이 전적으로 그러한 외부적 힘에 **영향**(*affect*)을 받은 **결과물**(*result*)일 것이라고 상상한다면 그것은 큰 실수일 것이다. 그것은 Bergson(1998)이 분명히 말했듯이, 공동체는 그 자체가 운동성을 가지고 있어서 그러한 힘들에 의해 직접적으로 영향을 받지만, 그러한 외적 구조가 직접적으로 가하는 힘들은 결국 고착된 존재들의 환영과 같은 것들을 주조해 낼 뿐이다. 오히려 공동체는 항상 발현되고 실험되는 공간이며, 그 공간은 다양한 가능성들이 사유하기(thinking)와 실행(doing)이 함께 존재하는 것이다. 그들은 수많은 시작점들(entry points)을 융합하며 발현시켜 가는데, 그 힘들의 선들과 오히려 반대점으로, 즉 대항해 나가며 발현해 간다(Barad, 2007; Deleuze & Guattari, 1987).

항상 진화하는 이야기 속의 만남으로서 공동체

Community as encounters in an always-evolving story

공동체를 하나의 강한 혹은 취약한 단일 문화로 보는 경향은 그 공동체가 가진 혼종성(heterogeneity)과 운동성을 보지 못했기 때문만은 아니다. 오히려 이는 늘 우리가 이미 만들어진 처방된 규범들에 맞추어서 생각하려고 하는 그 경향성 때문이다. Bergson(1998: 48)은 과학자들에게 나타나는 이러한 경향성을 아래와 같이 혹평하고 있다.

> 우리의 이성이란, 구제불가능하게 뻔뻔할 정도로 … 스스로 마치 진리와 지식의 모든 핵심 요소를 다 가지고 있다고 믿는다. 전혀 알지 못하는 사물을 보고도, 그것을 잘 모르겠다고 고백하지만, 그 무지는 단지 그 사물에 속하는 범주에 관해서만 그렇다고 믿는 것이다. 무슨 서랍이지? 열어 볼까? 아님 무얼 넣어 둘까? 무슨 옷이지? 이미 재단되어 있네? 한 번 입어 볼까? 이것일까? 아님 저것일까? 아니면 다른 무엇? 그리고 "이것"과 "저것", 그리고 "또 다른 그것"은 이미 항상 이미 알려진 무엇으로 이미 지각하고 있다는 것이다.

이는 현재의 신자유주의 정부와 걸맞아 보인다. 특히 공동체의 모든 사람들이 측정 가능하고 조종될 수 있는 특성을 지녔다고 보면서, 이를 위해 모든 공동체와 구성원을 개체와 대상으로 생각하여 고정시키고 분류하고 예측할 수 있다고 본다. 이러한 경향성은 Bergson이 주창한 용어에 따르면 **하강선**(*line of descent*)으로 설명될 수 있는데, 이것은 매우 즉흥적이고 어떤 주의와 노력을 기울이지 않은 사고의 유형이라고 볼 수 있다. 그러나 만약 우리가 이러한 유혹을 잠시 거부하고, 우리 스스로를 아직 알려지지 않은 미지의 것을 향해 개방해 간다면, 우리는 공동체가 가진 가치와 무한대로 열린 가능성을 보게 될 것이다. 우리는 그 공동체 안에서 발생하며 마주할 수 있는 새로운 것들을 향해 우리를 개방해 나갈 수 있을 것이다. 그러한 개방성은 우리를 Bergson이 말한 **상승선**(*line of ascent*)까지 가보도록 해줄 것이다.

> 우리가 사는 세계는 **지속적**(*endure*)이다. 우리가 시간의 본질에 대해 조금만 더 연구해 본다면, 지속한다는 것이 결국은 생성되는 것이고 창조하는 것이고, 또한 계속적으로 정교화해 나가는 것임을 이해할 수 있을 것이다. 세계에는 완전히 뚜렷하게 구별되는 두 가지 반대되는 운동성이 있다. 그 첫 번째는 하향성으로 이미 준비된 두루마기처럼 쭉 펼쳐지는 것이다. 이 원리에서는 마치 스프링이 자동으로 튕겨 올라오듯이 매우 즉시적으로 모든 것이 이루어진다. 그러나 상향적인 운동은 우리를 창조적이고 능숙한 일에 부응하도록 함으로써 본질적으로 **지속**(*endure*)하며, 결국 첫 번째의 것에 리듬을 부가해 가는 것이다.
>
> (Bergson, 1998: 11)

상향과 하향의 선들은 서로 배타적인 것을 의미하는 것이 아니고, 단순히 좋고 나쁨 혹은 선과 악과 같이 두 개의 대립처럼 일어나는 것도 아니다. 그들은 서로 지속적으로 영향을 주고 서로 의존한다. 하강선은 새로운 사고의 출현을 차단할 수 있지만 새로운 것이 생길 수 있는 일관된 공간을 조성할 수도 있다. 상승선 혹은 Deleuze의 용어로 탈주선은 생명을 불어 넣어주는 강력한 요소이지만 항상 좋은 것은 아니며 때때로 슬프고 심지어 위험할 수도 있다. 하나의 신체가 다른 신체를 만날 때, 하나의 생각이 다른 생각을 만날 때, 이 둘의 관계는 더 강력하고 새로운 전체를 형성하도록 합쳐지거나, 가끔은 또 둘의 관계를 결속하기 위해 다른 하나를 파괴하거나 해체하기도 한다(Deleuze, 1988: 19). 상승선은 대단한 즐거움을 생성하는 역량을 가진 것이기는 하나 한편으로 절대적 고독이나 개인적 슬픔을 주기도 한다(Deleuze & Guattari, 1987: 205).

어른도 어린이도 우리 모두는 우리를 더 강력하게 하고, 더 효율적으로 행위하고, 더 즐거움을 가지게 하는 일종의 만남을 찾고 있다. 공동체의 이런 강력한 동맹관계는 즐거움을 주는 것들이다. 그러나 이러한 동맹관계는 가끔 우리 자신뿐만 아니라 타인에게도 해로운 것일 수도 있다. 좋은 것이란 늘 모든 시간에 또 모든 사람에게 반드시 좋은 것만은 아닐 수 있다. 동맹관계가 해체되거나 혹은 경직된 공동체로 되는 것이 항상 나쁘거나 틀린 것이 아닌 것처럼 말이다. 평범한 사고와 평범한 행위 또는 경직된 존재들이 탈주선을 타고 새로운 가능성의 존재가 되기 위하여 급속하게 그들의 결집력을 와해시키고자 할 때가 있다. 공동체에서 즐거움과 힘을 배가시키는 강력한 협력적 관계는 생명력을 주는 것이지만 침울하거나 배타적이고 오로지 자신의 시각에만 몰두하는 것들이라면, 그들은 아마도 숨 막히게 하는 힘들의 선이 될 것이다.

가끔 공동체가 무엇이 가장 선한 것인지에 대하여 한 가지 시각만을 고집할 수 있는데, 이는 그 공동체의 실제를 완전히 지배하고 굳어버리게 하면서, 결국 하강선을 만드는 힘이 되기도 한다. 선한 것(the good)과 불가피하게 필요한 것(the necessary)이 더 이상 분리되지 않고, 생각이 불필요한 것이 될 때, 즉시 하강선이 만들어진다.

Badiou가 주장하기를 공동체에서 대단히 중요한 것이 있는데, 그것은 우리가 선한 것과 필요한 것을 독립된 것으로 이해하는 능력을 무너뜨리지 말아야 하는 것이다. 그들이 분리되어 유지되지 않을 때, 우리는 스스로 단순한 관념론자(sophist)로 축소되는 것이고, Plato의 말을 빌리자면 "선의 본성과 필요한 것의 본질이 어쩔 수 없이 분리되어 있다는 것을 보지 못하는 자가 되는 것이다(Badiou, 2008: 150)." 만약 우리가 반드시 무엇이 되어야만 하고 또 선한 무엇은 꼭 '선'한 것이 되어야 한다면, 즉 모두 하나이고 동일한 것이 되어야 한다면, '선'한 것에 대한 논쟁은 이미 의미가 없게 된다. 그리고 만약 모든 사람이 도덕적이고 선하며 단일한 것을 추구하도록 규제한다면 이것은 마치 신자유주의 정부가 '글로벌'이라며 정당화해 온 모든 행위와 다르지 않다. 우리는 우리의 참여를 누군가의 이기(being), 즉 누군가의 신념이나 실행이 이미 홈 파인(striation) 구조에서 결정된 곳으로 축소해 가고, 결국 존재와 앎의 권력화와 구조화를 반복하는 이미 되어버린 존재자로서 이기(being)와 알기(knowing)로 축소해 가는 것이다. 우리가 무엇을 하고 왜 해야 하는지에 대하여 스스로 아무런 고민도 하지 않는다는 것이고, 어떤 효율성도 가지지 못한 채, 그래서 어떤 힘도 가지지 않고, 어떤 즐거운 사유도 가지지 않는 에너지 없는 존재가 될 위험에 처해지는 것이다. 다행스럽게도 이 책의 독자들은 도덕/선함에 대한 관념을 내부에 절대적 필요성으로 간주해서 봉인해버린 자들이 모두 독재 정부나 광신도들과 같은 자들임을 알 것이다.

우리가 공동체의 일원이라면, 그리고 이 유아교육의 공동체에서 행위하는 주체자이고자 한다면 몸과 마음은 강력한 동맹관계에 의해 규범화되는 규칙과 규제(그 힘이 공동체 외부 혹은 내부로부터 오든지 간에)에 의해 묶일 수 없다. 행위주체적 힘은 사고와 존재를 위한 역량을 개방하는 방식으로 타인들과 함께할 수 있는 힘을 말한다. 우리 각자가 지닌 진리가 오직 단 하나의 진리이기를 원하는 욕망을 품을 때, 진리는 의심의 여지가 없는 것이 되고 대화는 질식된다는 것을 알아차려야 한다. 그것은 우리가 공동체의 일원으로서 어린이 간에, 교사 간에 그리고 어린이와 교사와 부모 간에 갖는 대화이고, 그런 대화는 각자가 자신의 고유한 특이성 안에서 자기 공동체의 항상 진화하는 이야기에 "깊은 공헌"을 하도록 해 준다(Rinaldi, 2006: 190). 그러한 깊은 공헌들은 우리가 이미 알고 있는 것에 관현악 같은 조화로운 동의를 이룸으로써 질서 있게 만들어지는 것은 아니다.

유아교육기관에서 공공의 상호작용적인 공간은 Massey가 공간의 본질에 관하여 말한 세 가지 특성으로 이해될 수 있다.

> **첫째,** [공동체의 공간]이라는 것은 상호관계성이 생성되는 곳으로, 그것은 글로벌하게 거대한 관계도 있지만 놀랍게도 아주 작은 것들과 교감을 통하여 정당하게 형성되는 것이고, … **둘째,** 다양한 존재들이 다양한 가능성으로 머물면서 동시다발적으로 풍요롭게 복잡한 의미를 생성하고 … 뚜렷하게 다른 궤도들이 동시에 존재하는 그런 공간으로 … 또한 이질성이 공존하는 복잡한 공간을 말하는 것이다. … **셋째,** 그 공간은 항상 재구성 중에 있으며 … 절대 끝나지 않고 폐쇄되지 않을 공사 중인 건축과 같다. 아마 우리는 그 공간을 이제까지의 이야기들이 지니는 동시성으로 상상할 수 있을 것이다.
>
> (Massey, 2005: 9)

여기서 나는 Massey가 생각하듯이 공동체가 항상 관계지향적이고 복수적이며 발현적이라고 생각한다. 그곳은 다채롭게 뚜렷이 난 길들이 늘 같이 존재하고, 서로 각자를 동반적 의미생성자로 만드는 그런 곳이다. 지속적으로 '되어 가는' "존재자의 본성"과 같은 것이다(Massey, 2005: 21). 우리 각자는 다른 다양한 존재와 늘 연결되어 있는 다양체 그 자체이고, 그러한 다양성을 지닌 다양체들은 불가피하게 반대되는 다른 힘의 선들을 내포하고 있다.

발현적 다양체로서 주체 The self as emergent multiplicities

다양체는 여기에서 나란히 존재하는 또는 심지어 서로 튕기는 분리된 개체는 아니지만, "끊임없이 서로를 변형시키고, 서로 교차하는 존재이다. … 따라서 되기와 다양체는 같은 것이다(Deleuze & Guattari, 1987: 249)." 우리는 내부작용을 통해 도출된 공동체와 같다. 우리는 다양체이며, 항상 이전과 다른 상태로 되기 과정에 있다. "각각의 다양체는 문지방, 문, 둘 사이에 되어 가는 존재이다. 각각의 다양체는 어떤 경계선이라고 정의될 수 있는데, … 그곳에는 일련의 경계선이 실처럼 늘어서 있고, 경계선들이 계속되는 선(**섬유**)은 그 다양체의 변화가 수반되는 곳이다. 그리고 각 문지방 또는 문에서 새로운 협정이 이루어진다(Deleuze & Guattari, 1987: 249)." 각 운동은 그 문지방을 가로지르고, 한 존재와 다른 존재 사이를 가로지르면서 잠재적으로 각각의 존재와 공동체가 하나의 전체로서 창조적 진화를 만들어 가는 데 공헌한다.

문지방은 우리가 다른 인간과 마주치는 데서만 출몰하는 것은 아니다(Davies & Gannon, 2009; Somerville et al., 2011). Wilson의 용어를 빌리자면, 인간뿐만 아니라 동물과도 그리고 "식물, 바위, 그리고 어떤 정서들"과도 존재론적으로 공유된 함의를 지닌다(Wilson, 2004: 69). 그가 관찰한 바에 의하면, 생명의 진화는 "급진적으로 혼종의 존재들이고, 확실히 그것은 생물학적으로, 또 심리학적으로, 문화적으로, 지리적으로, 대양의 바다처럼, 그리고 거대도시처럼 혼종된 존재들이다(Wilson, 2004: 69)." 존재들은 인간과의 관계에서 출현될 뿐만 아니라, 비인간들과 지구 위의 모든 생명체인 타자들과의 관계 속에서 – 예를 들면, 물 위에 하나의 빛 줄기와 늦은 오후에 빛에 의해 점점 푸르게 변해 가는 나무와 산들거리는 바람과 웃음 소리, 차가운 진흙 뭉치들, 오렌지 주스, 점심을 요리하는 냄새, 어떤 이의 미소, 그리고 그것을 통과하며 날아오르는 것 같은 느낌들과 그리고 친구들의 따스한 손들과, 이러한 모든 것들과의 관계 속에서 출현한다고 본다. 각각의 다른 존재자들과 즐거운 마주침은 Deleuze가 "영혼을 움직인다."는 현재의 순간에 몰두하는 것(Deleuze, 1990: 140)으로 바로 **이것임**(*haecceity*)이라고 부르는 특개성(特個性)의 순간이다. 하나의 마주침은 하나의 강도이고, 하나의 되기인데, 그 되기는 이미 알고 있는 습관적인 관행에서 벗어나게 하는 것이다. 그것은 내부작용적(내재적으로 활성화되어 운동하는 상태)이고, 감응을 일으키고, 또 감응되는 그러한 힘에 해당된다(Deleuze & Parnet, 1987).

개방되어 있음과 다른 이들에 의해 감응되기 쉬운 민감한 상태라는 것은 우리가 우리의 인간성을 성취하는 방법이다. 그것은 우리가 속한 공동체가 스스로를 창조하고 재창조하는 방법이다. 우리는 공동체를 만들어 내는 그러한 마주침의 순간들과 분리되어 있는 것이 아니고, 오히려 그들과 **함께** 출현하고 발현된다.

문제, 의미 그리고 윤리성의 상호함의성

The co-implication of matter, meaning and ethics

지금 여기서 어린이들의 실제 사례 이야기를 하기 전에 마지막으로 하고 싶은 말은 어떤 문제와 의미, 그리고 윤리적인 것은 서로 분리불가분하고 상호의존적이라는 점이다. Barad(2007)가 주장하기를, 어떤 **문제들에 대한 탐구**(*study of matter*)는 고립되어 일어날 수 없는 것으로, 그것은 우리가 그 문제에 대해서 만들어 내고자 하는 개념적 명료성과 분리되어 있지 않고, 또 우리가 무엇을 행위할 것인지에 대한 윤리적 함의와도 분리되어 있지 않다. 또 그것은 우리 자신의 문제와도, 서로서로의 문제, 그리고 우리가 살고 있는 이 장소의 문제와도 분리되어 있지 않다. 각각의 순간은 모두 문제들(matters)이고 물질적(material)이며 윤리적 함의를 모두 가지고 있다. 개별자들과 홈 파인 곳(striations)은 그들과 함께 말하고 생각하며 행위하는 그 사람들로부터 독립되어 존재하는 것이 아니라, 오히려 그 공동체와 개개인이 마주하면서 **문제가 되는 수많은 다양체가 발현되는 과정과 얽혀 있다**(*engage in mattering*).

그리하여 윤리적인 것은 단순히 규범성을 좇아가는 고립된 개인의 문제가 아닌 것이다(여기서 규범이란 선한 것과 필요한 것이 구분되지 못하고 서로 속에 함몰되어 무너진다). Deleuze와 Barad 모두가 말한 것처럼 윤리적 실천은 사유할 것을 요구하는데, 그것은 곧 내부작용적(intra-active)인 것이다. Deleuze가 지적한대로 "가장 좋은 사회란 강압적인 복종에 대해 많이 사유하기보다는 자기 자신의 흥미로운 것에 더 마음을 쏟게 하고, 국가의 규범에 지나치게 얽매이게 하지 않는 것이다. 생각이 자유롭고 생동적(vital)인 한, 아무것도 위태로울(compromised) 게 없는 것이다(1988: 4)."라고 비슷하게 Barad가 정의한 바와 같이, 윤리는 물질화되는 것이 무엇인지, 또 물질화가 행위와 사고에 어떻게 영향을 미치는지에 대해 질문하는 것이다. 그래서 윤리성이란 내부작용에서 기인한 만남으로부터 발현되는 것인데, 앎, 존재 그리고 행위(인식론적, 존재론적 그리고 윤리학적)는 모두 배타적이지 않고 서로 얽혀 있다(Barad, 2007).

우리가 서로에게 감응을 주고 감응을 받는 방식은 사고와 분리할 수 없으며 몸과도 분리될 수 없다. 사고와 행위는 모두 상호적으로 얽혀 있는데, 그것은 마치 앎과 행위하는 모든 개개의 존재자들이 서로 얽혀 있는 것과 같다. 그러나 이처럼 상호적으로 얽혀 있다고 하여 윤리적 책임감이 면제되는 것은 아니다. 역으로 말하면 생각과 행위가 서로 다른 것에 영향을 준다는 방식에 주의를 기울임으로써, 각 개인의 말과 행위의 영향력에 대해 더욱 책임감을 가진 개인들을 만들어 가는 것을 의미한다.

따라서 일반적으로 말하면 대부분의 개개인은 이미 주어진 개인으로서, 국가의 명료한 담화 방식(enunciation mode)에 의해 항상 주체로 만들어진 존재들이다. 그렇지만 한편으로는 그러한 존재들도 그 홈 파인 규범의 순간으로부터 도피하여 주체가 되기도 하는데, 그 순간이 바로 특개성의 **이것임** (*haecceity*)이고 은총이다. 즉, 역사적으로 공동체가 생성되어 온 여러 상반되는 힘들은 결국 차례로 와해되었다. 이는 결국 선한 것과 필요한 것이 동일한 것으로 간주되고 또 힘의 구조로 인식되면서, 모든 선량한 사람들이 반드시 같은 욕망을 갖고 있을 것으로 간주하였기 때문이다. 공동체들은 그래서 결국 유한하고 제한적이 되면서 오히려 잠재적이고 다양한 것들을 그 내부에 가두며 축소하여 왔다. 이러한 복잡한 다양성을 제한하고 억눌러 온 권력을 곰곰히 생각해 볼 때, Badiou는 "공동체"란 진정으로 복잡한 삶의 힘을 상징할 수 있는지를 의심하면서, "상황의 존재론적 무한성"에 반하여 "나에게 공동체란 이러한 무한성의 과정을 상징하는 이름일 수 있는지 의심한다."고 하였다(2008: 172).

공동체는 어떤 홈이 파인 규제들이 없이는 존재할 수 없고, 항상 존재들의 생각과 행위를 제한하고, 재영토화하는 아주 강력한 동맹적 형태와 재형태를 구축하는 방향으로 존재할 것은 사실일 수 있다(Bergson, 1998; Deleuze & Guattari, 1987). **그러나 동시에** 공동체의 힘/권력의 지속성은 다양성, 복잡성, 그리고 미지의 것들과 마주함과 항상-발현되는 개방성으로 나오는 것도 사실이다.

어떤 강력한 규범적 질서를 요구하는 질서에의 의지와 예측 가능성을 향한 숨 막히는 경향으로부터 탈주하기 위하여, 레지오 에밀리아 철학은 차이/다름을 첫 번째 중요한 가치로 만들어 왔고 자신의 내부와 다른 것들의 발현을 향하여 열린 자세를 견지해 왔다(Ceppi & Zini, 1998). 차이를 가지는 다른 가치와 존재를 향해 개방해 가고자 하는 의지와 능력은 지속가능한 공동체가 되기 위해서 매우 중요할 뿐만 아니라, 그 공동체가 윤리적인 기관이 되기 위해서도 중요하다. 타자들을 자신의 정체성의 일부로 고려할 때, 때로는 갖가지로 산만해 보이는 그들의 이론과 사적인 의견들은 자원으로 보이게 된다. 그래서 이러한 차이의 가치를 알아채는 힘과 그들과 대화를 가지려는 태도는 더욱 증가하게 된다(Rinaldi, 2006: 206).

이러한 관점에서 윤리적 실천이란 규범이나 관습에 그렇게 꽉 묶여 있지 않고(비록 사고는 약간 부분적이라 해도), 경청하기의 실천과 함께하는 것이다. 이를 다시 말해 보면:

> 위대한 사상에 귀 기울이는 것은 나 자신과 타자의 관점을 보면서 스스로 위대한 사상에 복종하는 개방된 네트워크를 개척해 나가는 것으로, 이는 의미가 무엇인지를 계속 물으면서 논쟁의 장소를 열어 가는 것이다. 위대한 사상에 걸맞는 정의를 실행하는 것, 즉 대화상대에게 귀 기울인다는 것은 말할 수 없지만 그것을 들을 수 있도록 노력하는 것들에 대해 지속적으로 들으려고 힘을 쏟는 것이다.
>
> (Readings, 1996: 165)

대화를 통하여 아직 알려지지 않은 것을 향해 개방해 간다는 것, 그리고 개방의 의미를 계속 유지하고자 하는 주의 깊은 경청은 레지오 에밀리아 접근으로부터 영감을 받는 유아교육기관들이 어린이들과 나누는 "수많은 언어(one hundred languages)"에 잘 나타나 있다. 수많은 언어라는 개념은 복잡한 공동체의 잠재성과 함께 어린이와 어른들 모두를 재창조하게 할 뿐만이 아니다. "그것은 수많은 언어들의 중요성과 평등한 존엄성을 선언하는 것인 동시에 … 지식의 구성을 위하여 쓰고, 읽고, 셈하는 것과 다르지 않다(Rinaldi, 2006: 175)."

어린이들은 놀라울 정도로 경이로운 청취자들이고–그래서 어른들도 어떻게 상호 경청하기에 몰입해 갈 것인지를 어린이로부터 배울 수 있다. 우리는 어린이로부터 배우고, "생명체의 모든 양태들로부터도 들을 수 있고, 호혜적으로 다른 사람에게 귀 기울이며, 이 경청의 행위야말로 공동체의 본질인지를 빨리 인식하는 것이 필요하다(Rinaldi, 2006: 116)."고 Rinaldi는 주장한다. 어린이들은 그들 스스로 새로운 가능성을 향해 다양한 방법으로 열어 가는데, 그렇게 함으로써 윤리적 공동체의 기본이 만들어지는 것이다.

윤리적 공동체에 참여하는 것은 각 어린이의 개별적 특성을 증가시켜 줄 뿐만 아니라 동시에 공동체가 더욱 다양성을 발휘할 수 있도록 어린이들이 그 공동체에 더 역동적으로 참여할 수 있는 능력도 증가시켜 준다. 그래서 Barad의 말을 빌리자면, 공동체는 문제화(mattering)하며 발현되고, 그래서 새로운 세계를 가져 오는 데 참여하고, 또 세계를 재형상화(reconfiguring)한다. 여기서 새로운 세계란 그 세계를 재형상화해 보는데 참여하는 것이다. 하나의 공동체는 어떤 하나의 장소를 말하는 것도 아니고 또 어떤 유한한 집단들도 아니고, 다만 생각해 볼 문제거리들을 만드는 방식으로 존재하고, 이 세계에 참여하는 방식을 말하는 것이며, 주체와 다른 문제거리들이 일어나는 장소로서 재형상화해 보는 것이다. 그럼으로써 서로에게 각자 또 함께 하나의 차이를 만들어 가는 것이다.

그래서 나는 Trollet 유아학교의 이야기로 돌아간다. 앞에서 말한 이러한 생각들이 유아교육기관이라는 공동체에서 매 순간 삶의 내부적 작용 속에서 어떻게 작용하는지를 보고자 한다.

공동체: 경청하기/되기의 행위들

Acts of listening/becoming-community

Trollet 유아학교에서 내가 5년간 방문하며 만난 교사들과 페다고그들은 일종의 과학자들 같았는데, 그것은 Massey가 말한 바와 같이, 과학은 이미 거기에 무엇이 있는지 상상한 것을 그대로 재현하는 것이 아니고 단지 실험하는 것이라는 점을 드러내 주었다. 그들이 나를 공동체에 참여해 보라고 초대했을 때, 그 말은 늘 과학자들이 그러하듯 그들의 공동체가 어떻게 지속적인 실험을 해나가는지 그 과정에 참여해 보라는 뜻이었다.

> 계속해서 생성하는 한 요소는 전체의 한 부분일 뿐만 아니라 끊임없이 되기 그 자체이기도 하다. 이것은 세계와 텍스트(world and text)의 강력한 분리를 거부하는 것이고[1], 과학적인 행위를 오로지 행위로 그리고 하나의 실천으로 이해하는 것이며, 그 행위가 부분으로 속해 있는 전체 세계 **안**에 참여하는 것을 의미한다. 즉, 재현이 아닌 실험인 것이다.
>
> (Massey, 2005: 28; 역자 강조)

레지오 에밀리아에 영감을 받은 공동체에 들어간다는 것은 새로운 사고를 위한 잠재적 촉매제로서 환영받는 것을 말한다. 더 우월한(혹은 열등한) 지식을 다른 외부로부터 가져오는 사람이 아니고, 지속적으로 출현되는 발견의 프로젝트 속으로 기꺼이 들어가는 그런 사람으로서 말이다.

스웨덴어를 잘할 줄 모름에도 불구하고, 나는 Trollet 유아학교에서 이미 집처럼 편안함을 느꼈다. 나는 그들의 일부로서 나 자신을 발견해 갈 수 있는 방식과 새로운 사고가 무엇일지에 대해 깊게 고무되었다. 우리의 만남은 Massey의 의미로 보면 실험적인 것이었다. 그것은 각각의 참여자가 서로를 인식하고 존중하며, "상호함축된 의미관계를 가진 하나의 상황" 속에서 하나의 "참여를 위한 상상적 공간"이었고, 각각의 사람이 다른 사람**에 의해** 기꺼이 발현될 수 있는 그런 곳이었다(Massey, 2005: 69). Rinaldi의 용어를 빌리자면, 우리는 일종의 대화에 몰입하였고, "변형의 과정"에 들어갔으며, 어떤 결과를 위한 절대적 규범적 가능성을 잊어버리게 되

---

1) 역자 주: 여기서 세계(world)는 우리가 실제 생활하는 삶을 말하는 것이고, 텍스트(text)는 그 실제 세계를 언어로 추상화한 관념이나 이상적 이념을 의미하는 것으로, 실제와 관념을 명확히 구분하는 것은 어렵다는 것을 의미함

었다(Rinalid, 2006: 184). 그러한 아직 발현되지 않은 생각들에 의해 영향받을 수 있는 매우 민감한 자신을 만들어 간다는 것은 어린이들과 기꺼이 대화해 나가기 위해 열어간다는 것을 의미한다. "내가 그들과 그리고 전 세계와 우주와 대화를 하는 한, 삶의 의미를 늘 찾고 있는 어린이들이 나를 밀어줄 것이다."(Rinaldi, 2006: 185).

Trollet 유아학교는 정말 아름다운 정원을 가지고 있었는데, 많은 고목들, 커다란 둥근 바위들, 숨바꼭질하기에 적당한 공간들이 많이 있었다. 유아학교의 건물은 중간에 커다란 공간이 하나 있는데, 이태리 도시의 중심부에 있는 시민의 광장이 가지는 공공성의 기능을 가진 곳이었다. 광장에서 사람들은 만나고, 수다 떨고, 먹고, 계획하고 그리고 함께 놀이하고 그랬다. 또 한쪽에서는 아주 장기적인 협력적 프로젝트가 수행되고 있었다. 피아자의 한쪽 벽유리를 통해 그 중심에 분수를 가진 아름다운 시골스러운 마당을 볼 수 있고, 각 교실은 피아자를 향해 열린 유리벽이 있었다. 피아자는 단순한 사회적 공간이 아니고, 매우 다채롭게 아름다운 물건들, 즉 한 묶음의 꽃이 꽂힌 유리꽃병이나, 작은 컵초들이 띄워져 있는 수조, 과일 바구니, 그리고 모네의 그림 같은 것들이 놓인 미학적인 공간이었다. 이곳은 유아들이 각별하게 그들의 주변 세계를 돌보고 애정을 담는 그런 장소이기도 하였다.

내가 Trollet 유아학교를 방문했을 초창기에는 아침과 점심, 오후의 차와 간식을 준비해 주는 훌륭한 요리사가 있었다. 점심을 먹을 때 어린이들은 스스로 따뜻한 식사를 차리고, 식탁 위 컵에 물을 스스로 따라 마셨다. 교사와 함께 식탁에 다정하게 둘러앉아 조용히 얘기를 나누며 샐러드 그릇을 돌리며 나누어 먹고, 나이프와 포크도 잘 다룰 줄 아는 식탁예절을 보여 주었다. 우리는 서로를 알아보고 배려하는 한 공동체의 정당한 구성원으로서, 그들은 아마도 나를 그 공동체에 들어온 영어를 하는 늙은 선생님 정도로 인식했을 것이다.

내가 Trollet에서 보낸 첫날의 경험을 다음과 같은 이야기로 시작하려고 한다.

5살 난 어린이들이 집 같은 교실에 둘러앉아 선생님의 이야기를 들을 때, 나는 그들이 서로 신체적 접촉을 자연스럽게 많이 하는 것을 보았다. 손을 머리에 대거나 하는 방식으로 각각이 집단적으로 확장되는 그런 느낌이었다. 그들은 자신들이 누군지를 잘 알고, 전체로서 함께하지만 각각의 개인은 하나의 관계에서 특정한 고유함을 가지고 있었다. 그들이 줄지어 놓은 의자에 반원으로 둘러 앉아 조용히 교사가 말하는 것을 듣고 있을 때, 그 아이들은 또한 서로 각 개인들과 관련되어 앉아 있는 것이었다. 한 소녀가 벤치의자의 아랫자리에 앉아 그녀의 엉덩이가 뒤에 앉은 한 남자아이의 발에 닿게 되었다. 여자아이는 약간 우스꽝스러운 표정과 약간 찡그린 표정을 짓고 있었다. 그 벤치의자는 넓지 않았기 때문에 앞 사람의 엉덩이와 뒷사람의 발이 닿을 수밖에 없었다. 그 남자아이가 다리를 조금 움직여 여자아이를 위한 약간의 공간을 만들어 주어서 그 남자아이의 무릎이 여자아이를 감싸 안게 되었다. 그 여자아이는 편하게 앉았고, 그 남자아이는 부드럽게 그 여자아이의 머리카락을 쓰다듬으면서 선생님의 말을 듣고 있었다. 두 명 다 완전하게 그 순간에 현시(present)되는 것으로 보였고, 서로에게 그리고 집단 안에서도 모두 속하게 되는 것이었다. 또 다른 두 명의 다른 남자아이들이 서로 붙어 앉아서, 한 아이의 발이 다른 아이의 발을 툭툭 건드리고 있었는데, 두 발은 서로 부딪히고 얽히고 부드럽게 변형되면서도 그 순간 수업의 흐름을 방해하지 않는 것처럼 보였다. 물론, 어린이들은 종종 영어를 사용하면서 나를 그들 집단 속에 포함시키려 하였고, 나와 함께 눈을 맞추려고 하고 있었다.

첫 번째 대집단 활동이 끝날 때쯤, 각자에게 주어진 소집단 활동으로 옮겨 가기 전에, 한 남자아이가 그가 좋아하는 그림책을 나에게 보여 주기로 하였다. 우리는 함께 앉아 그림책을 가지고 꽤 즐거운 대화를 나누었다. 그 대화에서 나는 영어로, 그 아이는 스웨덴어로 말하면서 두 개가 서로 융합되고 합해지는 순간을 느꼈다. 그 그림책은 중간에 한 은행이 그려져 있고 그 밑으로 터널이 뚫려 도둑들이 은행 밑으로 들어가는 것이었는데, 한 도둑은 그 은행에서 이미 돈을 훔치고 터널로 기어가고, 다른 도둑은 이미 은행에서 물건을 훔치고 도망가는 중이었다. 카우보이와 인디언이 말 위에 앉아 서로 싸우고 있는 그림과 카우보이가 아이스크림 가게에서 아이스크림을 사는 그림도 있었다. 또한 근처에 개 한

> 마리가 있으며 꽤 이국적으로 보이는 산을 향해 짖고 있는 그림도 있었다. 거기에선 토론하고 대화할 것들이 꽤 많았다. 담임교사가 전체 교실의 분위기가 별일 없이 잘 진행되고 있는지 확인하려고 조용히 들어왔을 때, 그 소년은 담임교사에게 나에게 말하는 것이 정말로 즐겁고 흥분된다는 뜻을 말하는 것 같았다. 정말로 그 소년은 매우 눈에 띌 정도로 흥미 있어 하는 것이 보였는데, 가끔 자신의 생식기를 쾌감의 절정에서 꽉 움켜잡곤 하였다. 그 순간이 바로 **이것임**(*haecceity*)이라는 특개성이 발현되는 순간이었다. 우리들은 그림, 책 그리고 우리들의 대화에 완전히 서로 몰입되어 있었다. 담임교사는 나중에 사실 그 아이가 평소에 말을 잘하지 않는 아이인데 그렇게 말도 즐겁게 하고 열심인 것을 보고 매우 놀랐다고 말해 주었다.
>
> 그림책에 대한 대화를 끝낸 후에, 그 소년은 내 손을 잡고 유아학교를 둘러보며 안내해 주었는데, 그곳에 누가 사는지, 각 영역에 누가 있는지를 창문을 통해 보여 주고 각 교실이나 유치원의 공간이 피아자(piazza)를 향하여 있음을 볼 수 있게 해 주었다. 비록 그 아이가 스웨덴 말을 하고 있었지만, 몸짓이나 제스처, 얼굴 표정을 통해 무엇을 의미하는지를 좀 더 명료하게 하려고 하고 있음을 알 수 있었다.

평소에 말을 잘 하지 않는다는 그 어린이는 그때 '마주함'을 통해 통찰과의 만남이 발현되는 순간을 경험하였다. 그것은 그와 내가 함께 그림책을 가지고 그날 담임교사가 세운 하루일과의 어떤 규범성 밖으로 움직이는 그 순간이었고, 그 아이가 즐거움과 기쁨을 가지고 말할 수 있음을 말해 주는 그런 움직임과 마주함이었다. 우리는 둘이 앉아서 그가 좋아하는 책의 복잡한 기호들(intricacies of a picture)을 탐색하였다. 그 아이는 나에게 그 책의 섬세한 부분을 보도록 내 주의를 환기시켜 주었으며, 내 얼굴을 보면서 내가 자기와 함께하고 있는지를 확인하고는 더 말을 하고 웃곤 하였다. 그 아이는 나를 그의 세계로, 또 더 넓은 책의 세계로 이끌어 가고 있었다. 내가 스웨덴 말을 할 수 없었기 때문에, 내가 지시하고 그가 따르는 것과 같은 교사다운 홈 파인 공간(teacherly striations)을 재영토화(re-fterritorialize)하고자 하는 충동을 따를 수 없었다. 그 아이처럼 사실 나도 새로운 가능성을 발견한 것이었다.

나는 내가 그 아이의 목소리에, 그의 몸짓 언어에, 그리고 얼굴 표정에 주의를 기울이고 경청하면서, 내 자신이 그의 생각과 즐거움을 향해 개방하고 있음을 알 수 있었다. 그 아이의 행복감이 퍼져 왔고, 그것은 곧 나의 행복감이 되어 가고 있었으며, 그래서 나는 "되기와 복합성은 역시 같은 것"이 되는 것을 경험하게 되었다(Deleuze & Guattari, 1987: 249). 그때, 우리 둘 사이의 차이, 특히 언어적 차이는 전혀 문제가 되지 않았고, 우리가 서로의 관계 속에서 각자 되어가면서 무엇이 될 수 있는지를 향하여 개방해 가는 상태에 있었다.

이러한 존재들이 마주한 섬세한 순간에 주의를 기울이는 과정에서, 즉 아이들은 늘 이러하지 하면서, 늘 그렇게 보는 습관적 시선(혹은 보지 못하는 습관)에 저항하는 연습을 하고 있었다. 그 아이에게 경청하는 것을 통해, 나는 하루일과 속에서 내가 볼 수 있는 것을 생성하고, 그들이 가진 놀라울 정도의 능력들, 그리고 발현적인 것이 무엇인지, 그 창조적이고 몰입하고 있는 내부작용과 마주할 수 있었다. 그것은 그들 스스로를, 그리고 공동체의 존재가 되게 지속적 작업을 하고 있었기 때문에 가능한 것이었다.

책 한 권과 그 아이와 나, 이렇게 둘이서 그 유아교육기관의 공간에서 마주함을 처음 경험한 날, 어디서도 관습과 습관적 제한과 규범들을 본뜨지 않으며, 새로운 가능성을 적극적으로 그려 가면서 각자 서로에게, 그리고 우리들 사이에서 일어나는 감응적 흐름에 개방적인 상태가 되었다. 우리는 함께 탈주(line of flight)할 수 있었는데, 그럴 수 있었던 것은 우리가 부분적으로는 전혀 예상하지 못했던 것을 향해 열린 상태였기 때문이고, 또 부분적으로는 비예측적인 것을 가능하게 하고 허용하는 형태로 질서 있는 존재의 평면을 누군가가 만들어 놓았기 때문이기도 하였다. 담임교사는 우리 둘이 별일이 없는지 확인하고 그녀가 계획해 놓은 하루일과에서 별도로 약간 움직여도 좋다고 해 주었다. 그 교사도 매우 개방된 존재임을 알 수 있었는데, 그는 그 아이를 교실의 하루일과 속으로 일부러 잡아 둘 필요가 없다고 생각하면서, 그 아이가 즐거운 쾌감이 터져 나오는 충만함을 즐기기 위해 연신 말하는 것을 보고 그러한 '마주함'이 실험될 수 있도록 허락해 주는 그런 개방된 사람이었다. 그 아이가 자신이 좋아하는 책을 나에게 보여 주면서 함께 한 시간은 그가 스스로 꽤 언어적으로 유창한 지식이 있음을 발견해 가는 과정이기도 했다. 그가 자신의 그림을 나와 공유하였을 뿐만 아니라, 유아학교의 여러 공간들이 각기 어떻게 다른지에 관하여 알게 되고, 또 그 지식을 어떻게 낯선 사람과 함께 나누었는지를 앎으로써 자신감 있고 유창한 언변의 지식을 자기 속에서 발견하게 되는 과정이었다. 이러한 즐거운 만남 속에서 우리는 함께 우리가 각자가 이전에 가졌던 경험들을 좀 더 강력한 전체로 형성해 갈 수 있었으며, 나는 내가 어른이라는 고정된 관념을 벗어나는 느낌을 가졌다. 또 내가 무언가를 알고 더 많이 알아야 하는 선생님이라는 고정된 자의식을 가지고 있음을 알게 되면서, 오히려 나의 모든 감각을 동원해서 어떻게 경청해야 하는지를 배우게 되었다. 그래서 그 소년과 그 그림책이 일종의 내부작용적 관계에 있음을 체험하였고, 그것은 또한 인간으로서 **이것임**(*haecceity*)이라는 은총의 순간을 경험할 수 있었다. Rinaldi의 지적대로, "어떤 제한된 영역이 없다."는 그 우주를 향해 우리는 열려 있는 존재들이었던 것이다(Rinaldi, 2006: 185).

그곳에서 유아들의 실험적 만남을 향한 개방적 태도는 다른 몇 가지 예에서도 분명하게 보였는데, 특히 그들 한 가운데에서도 낯선 이방인일 수밖에 없는 나에게 보여 주는 어린이들의 반응에서 분명하게 나타났다. 몇몇 어린이들은 내가 스웨덴 말을 하지 못하는 사람이라는 점 때문에 가지는 부끄러운 표정을 지었고, 다른 어린이들은 꽤 다양한 의사소통 방법을 동원하여 나와 어떻게든지 말을 붙여 보고자 나름대로 궁리하는 모습들도 보여 주었다. 하루는 점심시간에 5살 난 아이들과 버기타 케네디(Birgitta Kennedy)라는 페다고지스타[2]와 함께 식사를 하게 되었는데, 그녀는 매우 적극적으로 우리들의 대화를 이끌어 가고자 하였다.

---

2) **페다고지스타**(*pedagogista*)는 페다고그/담임 교사들과 함께 일하는 사람으로, 프로젝트의 발달과 교육적 확장을 이끌어가며 워크숍이나 회의를 하며 교육 활동을 연구한다.

> 5살 난 아이가 점심시간에 내 옆에 앉아서, 매우 열심히 나에게 말을 걸고자 하였으며, 내 눈을 바라보며 꽤 진지하였다. 내가 생각하기에는 꽤 중요한 내용인 것 같았는데, 옆에 앉은 페다고지스타인 버기타가 전혀 통역을 하려고 하지 않는 게 의아하게 느껴지는 순간이었다. 내가 그녀에게 무슨 말인지 통역을 좀 해달라고 하자, 그녀는 우리 옆으로 와서는 그 아이의 옆에 허리를 구부리며 무엇을 말하려고 하는지 말해 보라고 하였다. 그 아이가 약간 머뭇거리자, 버기타는 그러면 귀에다 대고 속삭여 주라고 하였다. 그래도 그가 무슨 말을 할지 모르겠다고 하자, 스웨덴 말로 하라고 하였다. 그러나 그 아이는 부끄러워하며 말하기를, 아직 영어를 모르기 때문에 내가 무슨 말을 하였는지 잘 알 수가 없어서 뭐라고 답해 줄 수가 없다고 했다. 그제서야 말귀를 알아들은 우리는 그 말들을 알아들을 필요가 없다는 것을 알았고, 그냥 그 소년과 대화에 참여하고 또 즐겁게 귀를 기울여 경청하면 된다는 것을 알게 되었다. 나는 모든 감각을 다 동원하여 즐겁게 경청하였다. 그 아이는 계속 말을 하면서 내 팔을 툭툭 치기도 하고, 그리고 내가 다른 사람에게 주의를 돌리면 내 팔에 작은 입술을 대며 주의를 끌기도 하였다.
>
> 내가 2년 후에 상급학교를 방문하여 몇몇 어린이들을 만나게 되었을 때, 그 아이는 나를 만나기 위해 달려 왔다. 우리 둘 사이의 즐거우면서 서로에게 영향을 주는 감정들이 여전히 있음을 알 수 있었다. 비록 그 아이는 나를 향해 내가 어떤 '영어'로 말했는지는 기억하지 못했지만 나를 잊지 않았음은 분명하였다. 내가 우리 둘의 초창기 '마주함'에 대해 기억을 상기시켜주자, 그는 "내가 그때 아주 똑똑했나 보네요." 하면서 즐거워하였다.

우리 두 사람의 만남의 초기에, 그 소년은 먼저 마주함을 시도하였고, 우리는 점심 식사 식탁의 큰 집단 속에서도 서로 대화를 나누며 속을 털어 놓은 그런 관계로 서로 얽혀 있었다. 지금 이 순간은 우리 두 사람이 더 큰 공동체로서 점심시간에 다른 사람들로 둘러쌓여 있었지만, 여전히 두 사람으로서 서로 언어장벽을 넘어서, 비록 버기타의 통역에 많은 의존을 하였지만, 서로 대화에 몰두하였다. 한 아이가 자신의 대화 능력을 확장하여 통역 없이 나에게 말하는 방법을 발견하였으며, 그렇게 함으로써 그는 나를 정말 감동시키기도 하였고, 서로에게 연결되어 가는 존재가 되도록 우리를 묶어 가는 작용을 하였다. 그리고 다른 사람들은 그 식탁에서 함께 대화에 참여했는데, 그들은 물론 그때 아이들이 두세 번 더 먹으려고 할 정도로 맛있는 점심을 누가 만들어 주었는지도 잊지 않았다. 나의 '다름'을 향한 그 아이의 '열림'은 나의 감각적 지각을 확장시켜 주었다. 그것은 '다름'과 예상하지 못한 접속과 탈주선을 향한 나의 열림이었다.

그리하여 어린이들은 나를 그들의 공동체로 이끌고 들어가며 나를 그것에 접속시켜 주었다. 내가 아는 한, 나를 그들의 세계의 부분이 되도록 만들어 준 그 아이들에 대해 누구도 함부로 단언하여 말할 수는 없을 것이다. 나는 원래 스웨덴 말을 하지 못하는 이방인이므로 잠재적으로 그들의 공동체에서 무시당할 수밖에 없는 존재였다. 그러나 그들은 나를 공동체 안으로 안내해 가기 위해, 또 매번 새로운 순간에 생성되는 가능성의 우주로 안내하기 위해 노력하였던 것이다. 그들은 "다른 사람에게 귀 기울이고 경청하기, 또 배려의 마음을 가지고 타인을 경청하는 능력"을 보여 주었다(Rinaldi, 2006: 116). 그럼으로써 그들은 어른인 나에게도 경청하기와 되어 가기의 능력을 확장할 수 있다는 것을 가르쳐 준 것이다.

Trollet 유아학교를 방문하는 동안, 나는 유아들이나 교사들과 말을 하지 않을 때는 주로 조용히 한쪽에 앉아 관찰하거나 노트에 내가 본 것을 적었다. 아이들은 내가 무얼 쓰는 것에 호기심을 가졌고, 내가 무얼 하는지를 묻곤 하였다. 종종 그들에게는 내가 무언가를 적고 있다는 것 자체가 대답으로 충분할 때도 있었지만, 그들은 내가 교실에서 무슨 일이 일어나는지에 관심을 가지는 일종의 과학자라는 것이 이해될 때까지 질문을 계속하였다. 그 아이들은 종종 나에게 가까이 다가와 내가 글을 적는 것을 들여다 보고, 또 자신들도 글을 써 볼 수 있는지 묻곤 하였다. 교실 밖 바깥놀이터에 해가 내려앉고 교실이 빛으로 물드는 그런 평화로운 순간이었다.

따스한 햇살이 내리쬐는 오후에 한 여자아이가 나에게 다가왔다. 그 여자아이는 자기도 무언가 쓰고 싶다고 해서, 연필을 주자 뭔가 조심스럽게 작게 긁적거리기 시작하였다. 우리는 그 순간에 즐겁게 연필을 주고받으며 생동감 있는 사랑스런 순간을 경험하였다. 그 여자아이의 작은 긁적거림은 점점 확장되었고, 나에게 함께 그림을 그릴 수도 있다고 제안하기도 하였다. 내가 서로 연필을 주고받으며 우리가 그린 그림에 영어로 무언가 쓸 수 있음을 말하자, 그 아이는 그걸 따라 해 보는 자신감을 보여 주었다. 신발, 분홍 신발, 심장, 머리카락, 코, 입술 등을 쓰고 그렸다. 그 소녀의 그림은 점점 더 자신감 있고 그럴싸해 보였다. 나는 그 아이가 손을 따라 손톱에 무언가 '그림'을 그리는 것을 알았다. 나는 그 아이에게 연필 끝에 있는 지우개를 사용하여 어떻게 손톱에 그린 그림을 지우거나 다듬을 수 있다는 것을 보여 주었다. 우리는 그림 속 얼굴의 입에 혀를 그려서 그림을 추가하며 여자아이는 재미있어 하며 이름을 붙이기도 하였다. 그러는 중에 언니가 그 아이를 데리러 왔다. 그 아이는 언니를 보자 즐거워하였고, 집에 가는 것에 짜증을 내지 않았다.

다음 날, 그 여자아이는 나에게 말을 걸기 위해 다시 다가왔고, 내가 영어로 말하자, 그 소녀는 잘 이해하기 힘들다는 표정을 지었다. 내가 그녀가 분홍 신발을 신었다고 말하자, 그 아이는 분홍 셔츠를 입었다며 그 위에 토끼 그림이 있다고 말했다. 내가 그녀의 셔츠가 분홍이고 토끼 그림이 그려진 것이라고 말하면서 인정해 주자, 그녀는 행복한 듯 고개를 끄덕였다. 그것으로 충분하였을까? 아니다. 아이는 로프 위에 올라서 있는 자기를 보라고 다시 재촉했다. 그리고 얼마나 힘이 센지 봐주기를 원했다. 내가 그 아이에게 힘이 세다고 칭찬해 주자 매우 좋아하였다. 우리 사이에 감응 관계의 긍정적 흐름이 다시 시작되었다. 그 아이가 작은 가지를 집어 들고 종이 위에 무언가를 '그리기' 시작했다. 그리고는 두 개의 양동이와 국자를 가져오고 다른 하나의 양동이에 모래를 채워 달라고 하였다. 잠시 동안 이 모래 양동이에 나무 막대기를 심고, 그것을 화분처럼 놔두었다. 곧 그 소녀는 그 막대기를 뽑아내고, 모래 양동이를 내버려 두었다. 그리고는 나에게 주걱으로 계속 휘저으며 모래를 더 채워 달라고 하였다. 그리고 자기는 물을 좀 기르러 갔다 오겠다고 했다. **"물(*vatten*)!"** 그리고는 물을 가져와 두 양동이에 붓기 시작했는데 곧 넘쳐나게 되었다. 그리고 그 넘치는 물을 가지고 장난치며 좋아했다. 그러나 물이 모래에 스며들어 사라져 버리자 또 물을 가지러 갔다. 그 소녀는 내가 이곳에 서서 무언가를 쓰는 것을 만족해했다. 그리고 한 양동이의 물을 가져와 그 곳에 붓기 시작했다. 그러자 모래 양동이가 넘쳐 나고 댐처럼 무언가가 만들어지자, 그 댐 위를 걸으면서 모래 위에 발자국을 남기기 시작했다. 그리고는 발로 그 모래를 건져 올려서 다시 평평하고 부드럽게 만들었고, 나는 그 소녀의 분홍 신발이 모래에 젖어 들어가 더러워지는 순간을 걱정스럽게 바라보았으나, 말하지 않고 그냥 참고 견딜 수 있었다. 만약 그렇지 않았다면, 나는 이 즐겁고 행복한 놀이를 망쳐버릴 수도 있었으니까 말이다. 나는 내가 오히려 스웨덴 말에 서툴러서 이 순간을 잘 참아 간섭하지 않은 게 다행이라는 생각을 하였다. 이러한 놀이 순서가 반복되고 더 가속화되자, 물은 완전히 사라지고, 마침내 한 양동이의 모래 스프가 만들어졌다. 보조교사가 다가와서 모래 양동이의 물이 여기저기 넘쳐 나고 모래 스프가 만들어진 광경을 보고 걱정스럽게 소리치기 시작하였다. "어머나! 이게 뭐니?" 그녀는 마치 이러한 장면이 난장판이라고 생각하는 것 같았다. 그러나 곧 어쩔 수 없다는 듯이 그 상태를 인정하고는 양동이에 있는 스프를 "맛보았다." 그러자 여자아이는 기뻐했다. 이제는 양동이를 엎어서 멋있는 성을 짓기 시작했다. 성들은 훌륭했지만, 곧 허물고 그 위에서 즐겁게 뛰기 시작했다. 각각의 변형, 즉 모래가 작은 화분에서, 댐과 스프, 그리고 성까지 되는 것은 즐거움 그 자체였다. 그 행위(성 만들기)는 초점이 있었고 집중된 일이었지만, 하나에서 다른 것으로 변형(transformation)이 되는 것은 정말로 황홀한 경험이었다.

나는 그러한 마주함에 서서히 빠져들어 가는 즐거움에 젖어 들었고, 나의 교사라는 자아(self)가 불필요한 홈 파인 것, 즉 너무나 익숙하게 제도화된 공인된(authorized) 지식과 이기(being)들에 대해 매번 간섭하고 싶은 충동을 가진 자임을 받아들였다. 그래서 나의 지금 이러한 간섭과 명령하기가 얼마나 불필요한 간섭과 충동인지를 보게 되었는데, 이는 명백히 내가 스웨덴 말에 서툴렀기 때문이기도 했다. 교사처럼 "조심해야지." 하고 말하며 그 즐거운 놀이를 망쳐버리고 간섭하는 대신, 나는 아이들의 놀이에 대한 감각적 즐거움에 젖어 들었다. 그 여자아이와 나는 조용한 대화, 그 여자아이의 차분함이 나의 몸 안으로 서서히 침투하여 왔고, 나는 느긋하게 오후의 햇살이 나뭇잎에 떨어지는 것을 즐겼다. 등에 쏟아지는 따스함과 약간 서늘한 신선한 공기들, 그리고 아이들의 즐거운 모래놀이를 말이다. 나는 걱정하는 대신에 나를 흥분시키는 변형을 즐기는 법을 배웠다. 그 흥분은 한 사람에서 다른 사람에게로 퍼져 나갔다. 그리고 나는 그렇게 흥분된 감정이 교사에게서는 실험하기를 멈추게 하려는 불안과 조바심으로 바뀌는 것을 보았다.

같은 날 오전에 나는 두 명의 아이가 그네 위에 있는 것을 보았다. 그들은 친한 친구 사이로 같은 그네에서 함께 타는 것을 좋아했다. 한 여자아이는 높이 올라가는 걸 좋아했고 남자아이는 그렇지 않은 것 같았다. 그네가 너무 높이 올라가자, 그 아이들은 울상이 되었다. 한편으로는 흥분되는 즐거움과 또 한편으로는 위험에 처한 두려움 때문이었다. 한 발자국 더 멀리 가는 것의 흥분은 두려움으로 주춤거리게 되고, 그래서 다시 안전으로 회항하고자 하는 낡은 규범과 패턴에 있게 되는 것이다. 즉 하향선 그 자체가 다시 일어나고 있는 것이다.

나는 유아들의 놀이를 보면서, 개개인에게 한정된 개별적인 것이 아니라 한 사람에게서 다른 사람에게로 퍼져 나가는 공동의 질(質)이 되는 감응(affect) 방식에 매혹되었다. 이 특별한 날의 아침에 나는 용기 또한 한 사람에서 다른 사람에게 퍼져 나가는 일종의 감응임을 목격하게 되었다.

> 세 명의 아이들이 커다란 화강암 바위를 기어오르고 있었다. 한 명은 무사히 꼭대기에 이미 올라가 꼭대기까지 오르려고 하는 다른 아이에게 용기를 북돋아 주고 있었다. 그 남자아이의 몸은 다른 친구의 움직임의 흐름을 따라 같이 움직이며 그와 함께 경험을 하고 있었고, 그것을 지켜보는 나도 그러했다. 오르려는 한 여자아이의 몸짓은 작았지만 근육은 강하게 움직였고, 그 남자아이는 여자아이에게 용기를 주면서 즐겁게 바라보았다. 그런데 그 여자아이가 결국 떨어지고 말았다. 그러자 그 남자아이는 몸이 즉각적으로 알람시계처럼 작동하며 이미 달려오고 있는 교사를 향해 소리치고 있었다. 용기는 위기를 알리는 것으로 움직였다. 그 여자아이는 괜찮을까? 그리고 이제 바위에 오르지 않으려나? 그러나 감응은 다시 용기로 움직였다. 그 바위는 그 여자아이보다 훨씬 큰 것이

> 지만 그 여자아이는 다시 시도하였다. 그래서 용기는 세 사람 사이에 흐르고 있었다. 그 여자아이가 바위에 오르는 것에 성공할 것이냐는 그렇게 중요한 것이 아니었다. 그 여자아이는 그 바위 주변을 한 번 더 돌아보며, 용기 있게 뛰어오르고, 순간적으로 달라붙고, 또 바위의 표면에서 미끄러졌다. 그후 그것을 서서 바라보고 있던 남자아이의 차례가 되었다. 그런데 갑자기 매우 큰 몸집을 가진 새로운 아이가 달려와 그 바위 위로 훌쩍 뛰어오르더니 꼭대기에 금방 올라섰다. 그러자 또 좀 더 작은 아이가 번쩍 뛰어오르고 역시 오르기에 성공하였다. 그러자 그 바위의 꼭대기에는 이제 세 명의 남자아이가 있었고, 그 세 명은 이제 그 여자아이를 위해 자리를 남겨 둘 수가 없었다. 원래 있던 세 명의 아이들에게 흐르던 긴장감은 사라지고, 그 여자아이는 이제 자리를 조용히 떠나버렸다.

처음에 몸집이 작은 두 남자아이와 더 작은 여자아이가 함께 바위를 기어오르려고 하면서, 그들은 강력한 힘을 만들려고 서로 힘을 합쳤다. 그러한 용기로 그들은 불가능해 보이는 것을 이루기 위해 모종의 결심을 해야 했는데, 그것은 서로에게 감응되어 전해졌으며, 그것을 바라보는 나에게도 펴져 왔다. 바위에 먼저 성공적으로 올라간 한 명의 용기 있는 아이는 다른 두 명의 아이가 힘을 내도록 용기를 전해 준 것이다. 바위는 어떻게 올라갈지 아직 알려지지 않은 세계이고, 방법을 발견해야만 하는 것이었다. 거기는 이미 한 여자아이가 실패한 곳이기도 하지만 말이다. 그때 꽤 큰 아이가 느닷없이 합류하여 어떻게 하는지를 먼저 보여 주자, 두 번째로 작은 남자아이는 오랫동안 자신이 단련해 온 신체적 기술을 단번에 알아채고 성공하였다. 그러자 바위의 꼭대기는 더 이상 여유가 없어 처음의 여자아이의 용기와 도전은 일어나기가 어려워졌다. 그래서 원래 바위 때문에 긴장되었던 세 명의 동맹적 관계는 와해되었다. 여자아이는 신체의 응집력을 잃어버렸고, 두 명의 남자아이와 동맹을 맺으며 도전했던 신체적 기술도 잃어버렸다. 바위는 남자아이들의 바위가 되었고, 기어오름의 가능성은 그 순간에 새롭게 동맹관계가 된 세 명의 남자아이에게 속하게 되었다.

동맹적 관계는 이동하고, 그래서 또한 힘과 권력도 하나에서 다른 하나로 이동한다. 만약 그 꼭대기에 오른 남자아이들의 동맹적 힘이 선한 것(the good)과 불가피한 것(necessary)(단지 남자아이들만 바위에 오를 수 있다는) 모두(both)에 고착되었더라면, 그 공동체는 일종의 해결해야 할 문제를 가지게 되었을 것이다. 즉, 모든 참여를 위하여 와해시켜야 할 것들 말이다.

나는 이러한 관찰로부터 분리될 수 없었다. 내가 어떤 경계에서 관찰하고 있었다 하더라도, 내가 본 것들에 대한 감응된 힘(the affective flow)은 나를 물질적으로, 개념적으로 그리고 윤리적으로 참여하도록 하였다. 나는 내가 보는 것들로부터 완전히 독립된 객관적인 것을 보는 선-결정된 존재(pre-existing entity)가 아니었다. 그래서 불가피하게 그들의 일부가 되고, 지속적으로 되어 가는 존재였다. 마치 어린이들이 우리가 집단적으로 생성해 내는 발현적 공동체 내에서 내부적으로 작용하며 되어 가는 존재이듯 말이다. 성 역할에 대한 나의 개인적 경험사(history)는 나에게 성 역할이 억압된 홈 파인 공간에서 고착될 수 있는 성 역할 문제가 늘 일어날 수 있는 가능성에 대해 항시 경계하고 민감하도록 하였다. 그래서 이 바위를 둘러싼 내부작용의 예는 나를 이러한 가능성을 민감하게 보도록 하였지만, 다시는 반복적인 패턴으로 명료하게 다시 나타나지는 않았다.

(결론 아닌) 결론 (In)conclusion

각각의 어린이와의 마주함은 우리를 시작으로, 또 새로운 약속으로 이끈다. 점심식사 시간에 그림책과 함께한 아이는 나에게 글자의 의미를 알지 못하더라고 경청할 수 있는 가능성이 무엇인지를 알도록 열어 주었고, 여전히 생성 중에 있는 이질적인 공동체와의 관계를 보여 주었다. 그들은 우리 각각이 타인에 의해 쉽게 감응되는 서로 사이-내부에 존재하는 감응과 움직임을 알게 해 주었다. 그들은 모두 바로 **이것임**(*haecceity*), 즉 특개성(特個性) 또는 은총의 순간을 향해 열리고 그래서 내가 더 이상 원래의 내가 아니도록 해 주었다. 감응된 정서의 흐름을 경험하면서 나는 다른 사람을 향해 더 민감하게 된다는 것이 무엇인지를 알게 되었다. 어린이들이 바위를 오르기 위해 함께 놀이하는 그런 장면에서, 그리고 그네를 타는 어린이들의 사례들에서 경험한 것처럼 말이다. 이 공동체에 푹 몸을 담근다는 것은, 어떤 방아쇠처럼 당겨지는 열림의 순간에 지속적으로 있게 되는 것을 말한다. 새로운 문을 열고 들어가고, 새로운 언어를 배우고, 내가 아이와 함께 그리고 쓰며 또 서로의 언어를 말했던 순간, 그리고 결국에 모래놀이에서 "스프"를 먹는 세계로 나를 이끌고 갔던 그 아이와 함께했던 순간, 그래서 또 각각의 감응적 탈주선을 타고 즐거워했던, 그 모든 것은 즐거움의 순간으로 빨려 들어갔다.

우리가 마주하는 어린이들과 즐거운 작곡을 하는 세계로 들어가는 것은 "좀 더 강력한 전체를 형성하기 위하여 힘을 합치는 것"이다(Deleuze, 1988: 19). 전체는 우리 스스로를 새로운 존재로 구성하도록 하고, 우리가 마주하는 어린이들도 스스로 새롭게 하도록 하며, 각각의 경험은 즐거움을 배가시키면서 아주 중요하게 사고와 행위의 힘을 증진시킨다. 그러한 만남은 각각의 특별한 존재를 향해 개방하는 것으로, 그들 자신의 경험을 다른 사람과의 관계에서 더 강력한 것으로 만들어 간다.

어린이들에게 귀 기울인다는 것은 앞으로 그 아이들이 만들어 갈 그런 공동체를 존중하고 공헌할 수 있는 방식으로 해야 하는 것이고, 그것은 반드시 감응되는 존재를 향해 개방적이어야 한다는 것이다. 누군가와 마주한다는 것은 각각의 존재가 다른 사람에 의해 감응된 존재로 개방되는 장소에서 공동체 자체의 삶과 융합되는 것이다. 서로에게 감응되는 능력과 다른 사람과 재구성한 세계로 기꺼이 들어가는 능력은 우리의 독창성을 증진시킬 뿐만 아니라, 우리의 사고와 행위 능력도 확장시켜 준다. 그것은 이질적인 타자와 함께 구성하는 세계로 들어가는 열림을 말하는 것이고, 모두 함께 복잡성을 통과하면서 하나의 공동체가 진화하고 되기의 지속적인 과정으로 들어가는 것이다. 일종의 윤리적 공간으로 공동체의 발현은 어떤 강력한 힘에 의해서 만들어진 홈 파인 공간들에 의존하기도 하지만, 다른 사람과 나 자신의 안에도 있는 그런 차이에 의해서 발현되는 세계에 개방해 가는 것에 의존하며, 또한 혹시나 있을지도 모를 위험을 감수하면서 아직 알려지지 않은 세계에도 개방해 가는 것을 말한다.

다음 장에서는 두 가지 귀 기울이기에 대해 되돌아보고자 하는데, 발현되는 경청과 일상적 경청에 관해서이다. 경청하기에 대한 두 가지 생각은 내가 사는 공동체에 관한 이야기와 다름의 회절에 대한 이야기로서, Jönköping 시에 있는 유아교육기관이나 Trollet 유아학교의 이야기, 결국, Virginia Woolf의 기억으로부터 나오는 그런 이야기와도 역시 회절되는 것이다.

CHAPTER 2

창조적 진화로서 발현적인 귀 기울이기

Emergent listening as creative evolution

삶은 의식에서 매 순간 무엇인가를 창조하고 있다.

(Bergson, 1998: 29)

제1장에서 나는 두 가지 힘(force)의 선, 즉 상승선(lines of ascent)과 하강선(lines of descent)이 상호 의존하는 방식에 대해 살펴보았다. 규칙과 반복인 하강선은 사물을 동일하게 유지한다. 반면에 새로운 사고방식과 새로운 이기(being) 방식을 열어주는 창조의 탈주선(lines of flight) 또는 상승선도 마찬가지로 삶에서 필요한 것이다. 이 선은 때로는 위험하며 하강선으로 항상 다시 통합된다. 나는 이 장에서 이런 두 가지 힘의 선과 관련한 귀 기울이기(listening)의 개념과 실행에 대하여 분석해 보고자 한다.

귀 기울이기에 대한 우리 생각은, 특히 어린이에게 귀 기울이는 성인으로서 우리가 생각하는 바는 하강선에 가깝다. 우리는 듣는 바를 우리가 이미 아는 것에 끼워 맞추려 귀를 기울인다. 여기서 발현적 귀 기울이기(emergent listening)로 이름이 붙여진 귀 기울이기에 대한 레지오 에밀리아 접근은 상승선과 같은 선상에 있다. 이 두 상호의존적 유형 사이에 놓인 긴장감은 Bergson이 언급한 창조적 진화(creative evolution)에 해당한다. 즉, **현실태**

(*status quo*)**가 있어야 할 뿐만 아니라 현실태를 놓아줄 수 있는 역량도 있어야 한다.**

발현적 귀 기울이기란 일반적 행위의 귀 기울이기를 단순히 확장시킨 것이 아니다. 어느 정도는 그 자체에 반(反)하여 작용하며, 누군가가 '이것이 나다.'라고 정한 후 곧바로 행동하는 습관적 실행에 반(反)한다. 그리고 인간이 무엇인가에 대한 자유인본주의와 현상학적 구성체에 대한 주요한 도전이라고 할 수 있다. 이들 구성체는 자아를 실체(entity)로 본다. 여기서 실체로서 자아개념은 마음속에 그려진 이상(imagined ideal)과 대비해 끊임없이 판단되면서 부족한 것으로 생각된다(Davies, 2010).

발현적 귀 기울이기는 "판단과 무엇보다 편견에 대해 유보하라고 요청한다."(Rinalid, 2006: 65). 그뿐만 아니라 여기서 한 발 더 나아가 새롭고 경이로운 방식으로 계속 삶을 바라보게 되면서 삶과의 관계가 열림을 뜻한다. 발현적 귀 기울이기는 기존의 앎에서부터 시작될 수 있다. 그러나 이에 더해 새로운 것을 향한 창조적 진화에 열려 있다. 즉, 발현적 귀 기울이기는 새로운 방식을 통해 알기(knowing)와 이기(being)가 가능하도록 개방시켜주며, 이는 귀 기울이는 사람과 말하는 사람 모두에게 해당한다. Rinaldi(2006: 114)는 다음과 같이 말한다. "귀 기울이는 방법을 배우는 일은 쉽지 않다. 여러분은 자신을 타인에게 열어놓아야 한다. … 귀 기울이기를 잘하게 되면 변화를 향해 밑바닥 끝까지 열어 놓게 되며, 아울러 변화하려는 성향이 길러진다." 내 생각에는 변화에 대한 이런 성향은 창조적 진화(Bergson, 1998)에서 매우 중요한 요소이다.

내가 살고 있는 지역에서 일어난 일부터 먼저 이야기하려고 한다. 내가 거주하는 지역은 1920년대 도시 시내 아파트 단지로 조용하고 낙엽이 흩날리는 거리로 유명한 관광지 King Cross에 있는 나이트클럽에 인접해 있다(Davis, 2009a). 교수, 건축가, 배우, 사업가, 여자, 교사, 유아기 자녀를 둔 가족, 노쇠해가는 80대 연금수급자들이 살고 있는 부유한 곳으로 아파트 단지 바로 옆에 커피숍이 들어서 있다.

어느 날 아침 나는 커피숍에서 책을 읽고 있었다. 그때 우리 아파트 단지에 사는 클라우디아가 8개월 된 클레멘타인을 잠시 봐달라고 내게 부탁했고 나는 기꺼이 아이를 맡아주었다. 아래는 후에 내가 적은 글이다.

> 나는 벤치에 앉아 벽에 기대어 있었다. 클레멘타인은 내 옆에서 벤치 위에 놓인 베개 더미로 오르고 있었다. 갑자기 아이는 몸을 앞으로 쑥 내밀더니 벽에 대고 세게 머리를 찧었다. 그리고는 깜짝 놀라서 뒤로 물러섰다. 내가 가진 모든 감각을 동원해 귀를 기울이면서 클레멘타인이 나에게서 무엇을 원하는지 열어 놓고 기다렸다. 클레멘타인은 꼼짝하지 않고서 조용히 있었다. 이윽고 "사고"가 조용히 종료되었음을 나는 알아차렸다. 클레멘타인은 천천히 몸을 앞으로 조심스럽게 기대고는 자기 머리를 살포시 벽에 다 대고 다시 찧었다. 그런 후 뒤로 물러났다. 이 아이는 속도를 달리하면서 이 행동을 여러 번 반복하였다. 그중 어느 것도 첫 번째 찧기에서 받은 고통스런 반복을 일으키기에 충분할 만큼 빠른 속도의 찧기는 없었다.

앞으로 뒤로 신중하게 움직이는 각각의 행위는 우리가 앉아 있던 장소를 구성하는 물질과 함께 스스로 움직이고(self-in-motion), 스스로 내부작용하는(self-intra-acting) 새로운 체현된(embody) 지식을 만들어 냈다. 실험적 운동(experi-mental movement)에는 처음 겪은 고통스런 부딪힘이 반복되는 위험이 도사리고 있었다. 그러나 창조적으로 신중하게 사고가 일어난 공간으로 들어가서 그 경계를 가로지르고 또 가로지르면서, 클레멘타인은 자기 몸에 대한 지식을 일궈내면서 벽과의 관계에서 새로운 몸의 기술을 창출해 내었다. 이로 인해 클레멘타인은 미래에 일어날 충돌사고를 방지할 수 있는 능력을 갖추게 되었다.

여기서 두 가지가 내 관심을 끌었다. 첫째는 클레멘타인이 참여한 창조적 탐색으로서, 클레멘타인은 미지의 것과 마주쳤을 때 취약성을 적극적으로 드러냈다. 둘째는 클레멘타인의 탐색으로 가시화된 창조적 삶의 힘을 내가 알아차렸을 때 나 스스로가 갖게 된 강렬한 즐거움이었다.

클레멘타인과 함께 있는 그 순간, 이 아이가 자신의 몸과 주변 공간 사이의 관계를 어떻게 탐색해가는지를 보려고 나 스스로 클레멘타인에게 귀를 기울이고 있다는 점을 알게 되었다. 나는 클레멘타인을 바로 벽에서 떼어내지 않았다. 다음에 일어날 일을 알고 있었기 때문이 아니었다. 그뿐만 아니라 그 다음에 일어날 일을 정확하게 계획했기 때문도 아니었다. 나 스스로 얼마나 놀랐는지 알게 되었고, 또 내 자신이 클레멘타인을 경이와 존경으로 대하고 있음을 깨달았다. 클레멘타인에게서 내가 몰래 훔쳐본 것은 모든 삶에 내재된 탐색하고자 하는 창조적 욕망이었다. 그것은 내가 클레멘타인과의 동료의식으로 찾아낸 은총의 순간(a moment of grace)이었다. 이 창조적 욕망은 정체성이 비슷하거나 유전자를 공유했다고 나타나는 것이 아니다. 그것은 삶의 유동성에 대한 공유된 헌신에서 비롯되었다. 바로 그 순간 나는 어떤 선입견 없이 그 아이를 사랑하고 있는 나 자신을 발견한 것이다.

경계를 가로지르는 발현적 귀 기울이기

Emergent listening as transgressive

일반적으로 삶에서 우리는 현실태 지식에 많은 가치를 부여한다. 현실태 지식은 우리에게 일종의 상식을 제공한다(Kumashiro, 2008). 이와 관련해서 우리는 아이들이 경계가 뚜렷하고 질서정연한 환경을 필요로 한다는 말을 자주 듣는다. 현실태 그 자체에만 한정되지 않는다면 현실태 지식도 생산적일 수 있다. 그러나 상식은 함정이 될 수 있고, 하강선의 일련의 모습을 드러내어 창조성을 막아버린다. 상식은 현실태틀 견고히 할 때 쓰이는 강력한 도구이다. 그렇지 않을 경우 금이나 틈을 드러낼 때 혹은 변화의 잠재성으로도 사용이 된다. 사물의 작동방법과 관련된 지식은 여러분에게 사물을 변화시키고, 규칙을 허물며 또 허물 시점을 알려준다. 이와 함께 기존의 것을 넘어서는 방법을 찾아내고 고안하게 해 준다. **아이들은 경계를 좋아한다**는 식의 상투적 말은 위험이 깃든 절반의 진실이다. 물론 아이들은 경계 알기를 좋아한다. 그러나 경계 알기를 좋아하는 이유가 자신이 유능해지는 방법을 알게 해 주는 안전하고 예측 가능한 공간을 창조하기 위해서만은 아니다. 오히려 경계를 성공적으로 넘어서는 방법에 대해 알고 싶어 하기 때문에 아이들은 경계가 어디인지에 대해 알고 싶어한다. 이런 의미에서 발현적 귀 기울이기는 경계 넘어서기이다.

아이와 **거기 함께 있다**는 것은 아이에게 귀 기울이는 것이다. Schulte의 관찰에 따르면, 거기에 있다는 것은 길을 잃는 것이다.

> 길을 잃는다. 왜냐하면 연구 때문에 거기 머물게 되면 어느 정도 낯선 외지에서 길을 잃는 것이기 때문이다. 누군가의 탈선에서 즐거움을 갖는 것이며, 눈치를 보지만 신경을 쓰지 않으면서 호기심으로 누군가가 고정해 놓은 것을 던져 버리는 것이다. 그리고 예기치 않은 불안한 것에 대해 사랑을 품는 것이다. 아이와 함께 거기에 머문다는 것은 정확하게 거기에서 아이와 **함께** 있는 과정, 관계의 과정을 의미한다. 즐겁지만 안주되지 않은 상호성의 과정이며, 부인할 수 없게도 순간적이고 영원히 불완전한 것이다.
>
> (2013: 4)

그 아이와 함께 **거기에 머물 경우**, 정체성과 기존 지식 내에 정체되어 있던 현실태는 관계적, 발현적 실재로 바뀌게 된다. 그 실재는 "객관적"이 아니라 "주관적"이다. 그리고 그 주관성은 관계적이고 다양하며 또 살아 움직인다. 클레멘타인과 함께 있던 순간처럼 이기(being) 순간의 내부가 열리면서, 거기에서 클레멘타인의 탐색 전략이 나에게 내부작용적 되기, 즉 상승선을 열어 주었다. 우리 둘 다 그 시간에 흠뻑 빠져들면서 그 순간 둘 다 변형되었다.

그러한 이기(being)의 순간은 별생각 없는 **반복적인**(*quotidian*) 일상, 즉 우리의 일상적인 매일의 평범한 삶에서는 나타나지 않는다. 그 순간은 이것저것의 사이-내부(in-between)에서 새롭고 놀라운 것이 펼쳐지는 되기(becoming)의 순간에서 나온다. 거기에서 각자 듣고, 상이하게 알아가고, 이전과는 다른 사람으로(Nacey, 2007) 되어 간다. 이를 Deleuze(1990)는 "'바로 이것임(just-this-ness)'의 **특개성**(特個性, *haecceity*)" 또는 "은총(grace)"이라고 부른다.

발현적 귀 기울이기에는 이중의 운동이 있다. 첫째, 다르게 생각하기이며, 둘째, 이전의 자아는 더 이상 존재하지 않는다는 것이다. 거기에 존재했지만 이전 상황에서 보이지 않는 것, 즉 그 **공백**(*void*)이 눈에 들어오게 된다. 언뜻 보기에 앞으로 아무렇게나 확 튀어나간 자기 몸의 운동을 아이가 통제하지 못한 것처럼 보이지만, 이 아이는 독특한 방식으로 자신의 몸을 통제하면서 위험을 기꺼이 감수하고 또 실험하면서 자신과 타인 사이에 놓인 새로운 지식과 새로운 관계를 빠르게 습득해갔다. 거기에서 그 타인은 자기 옆에 앉은 어른만이 아니라 벤치, 쿠션, 벽도 포함되어 있다(Bennett, 2010).

Taubman은 현실태와 공백이 가진 개방성의 차이점을 Badiou의 작품을 통해 나타냈다.

> 한편으로는 Badiou가 맥락의 '상태(state)'라고 부르는 현실태가 존재한다. 이것은 우리의 일상적 삶-독단적 견해, 제도화된 지식, 습관, 관료적 충성, 그리고 우리의 동물적 식욕을 충족시키려는 시도-으로 이뤄져 있다. 만약 당신이 이 경우라면, 그것은 조건화된 삶, 공포증 또는 정신분석학적 용어를 쓰자면 미검증된 과도하게 결정되어진 삶이다. 다른 한편 Badiou가 '주관적 진실(subjective truth)'이라고 부른 것이 있다. 이것은 상황이 갑자기 마치 우연처럼 변화한다. Badiou는 이를 은총, 변화라고 불렀으며, 그 순간까지 공백이었던 것이 모습을 드러낸 것이다. 이 변화는 주인공이 사건의 결과를 저지르기까지 항상 그곳에 존재했지만 보이지 않는 상태로 있었다. 사건은 그 상황의 진실인 이 변화로 인해 펼쳐지게 된다.
>
> (Taubman, 2010, pp. 198-199)

클레멘타인 이야기에서 현실태는 취약한 아이를 사고로부터 보호하는 위험회피의 사회로 그려질 수 있다. 현실태에서 볼 수 없는 공백, 즉 현시점에서 살아 있는 존재(심지어는 아주 작은 아이까지)는 되기의 순간에 있다. 즉,

창조적 진화에 계속 참여하면서, 새로운 자아-타인의 관계를 실험적으로 습득한다. 첫 부딪힘 이후 멈춤에서, 즉 무엇을 예상해야 하는지 알지 못했던 멈춤에서, 나는 새로운 지식과 방식이 가능해지는 이기(being)와 알기의 순간을 경험하였다. 아이에게 귀 기울이고 있던 나는 그 순간 출현될 것에 개방되어 있었기 때문에 아이뿐만이 아니라 나에게도 그 경험이 가능해진 것이다.

그러나 새로움에 대한 이런 개방성을 유지하기란 쉬운 일이 아니다. 상황을 견고히 하고, 분류하고, 영토화하려는 경향과 발현적 귀 기울이기는 항상 적대 관계에 있다. 우리는 계속해서 고정할 수 없는 부분을 제자리에 고정시키려고 애쓴다. 그리고 새롭고 예기치 않은 운동을 기존의 알려진 것에 통합하고, 그것을 장악하고 반복하려는 바램을 갖고 통제한다. 그러나 우리는 그런 머리 찧기라는 실험적 상황을 사전에 계획할 수 없다. 그뿐만 아니라 그런 상황이 발생했을 때 어른들이 이를 알아차리도록 조정할 수도 없다. 요즘 신자유주의 정부에 의해 악화되는 규제와 통제의 욕구(Davies & Bansel, 2007a, b)는 발현적 귀 기울이기와 주의집중 전략을 일상적 귀 기울이기로 바꾸려는 것으로서 늘상 있어 온 여러 문제를 일으키고 있다. 즉, 일상적 귀 기울이기는 반복적인 귀 기울이기로서 어떤 생각도 요구하지 않은 채 기존 지식을 반복한다.

기록작업: 귀 기울이기 전략 Documentation: A listening strategy

기록작업(documentation)은 레지오 에밀리아에서 영감을 얻은 학교들의 주요 전략으로서 새로운 무엇인가가 눈에 보이도록 해 주며 사고와 확장을 위해 열려 있다. 어린이의 생각과 이들이 만든 이미지는 벽에 전시되어 지나가는 모든 사람들이 유아교육기관의 삶에서 나타나는 다양성에 대해 생각해 보도록 해 준다. 레지오 에밀리아에서 영감을 받은 건축가 Ceppi와 Zini는 유아교육기관 공간의 중요성과 그 창조력에 주목하였다. "환경은 일종의 영혼의 피부를 생성한다. 이 에너지는 글씨, 이미지, 재료, 물체 및 색상으로 된 제2의 피부를 만드는 에너지로서 아동의 부재 시에도 그들의 존재감을 드러낸다(Ceppi & Zini, 1998: 17)."

상승과 하강의 이중 운동은 새로움에 펼쳐지면서 상황을 재조정한다. Jönköping의 HallonEtt 소장인 Karin Alnervik의 논의에 이 운동이 언급되어 있다. Karin은 기록작업이 늘 순진하지만은 않다는 점을 밝히는 데 관심을 두었다. 새로운 사고를 위해 경청하고 개방하는 레지오과정에서 기록작업은 중심적 역할을 하지만, 또한 제도화된 생활, 홈 파임(striation), 제도화된 평범한 삶으로 편입될 수도 있다. 그렇게 되면 기록작업은 단지 그 제도화된 삶의 재생산에 지나지 않는다. 게다가 평범한 삶까지도 삼켜버릴 수도 있다. 그렇게 될 경우 귀 기울이기는 배제가 된다. 따라서 기록작업은 알려지지 않은 것을 드러내는 게 아니라 오히려 문서화의 격식을 갖추는 데 사용되는 것이다.

따라서 Karin은 기록작업을 할 때 기록작업의 개방성과 생동감이 유지되도록 적극 노력하였다. 예를 들어, 어린이들의 말과 이미지가 완성된 작품이 아니라 아직 진행 중인 작업인 점을 분명히 하기 위해 말과 이미지를 벽에 전시하였다. Karin은 유치원 교사 중 일부가 이 문제로 난감해 한다는 점을 알게 되었다. 교사들은 보다 질서정연하고, 예술 작품으로서, 또 보다 명확한 성취결과로서 아름답게 진열된 전시를 선호하였다. 그러나 벽이 살아있도록, 또 운동 그 자체로 삶에 유용하도록 하기 위해 어린이의 말을 기록한 인용문, 사진, 그림은 형식을 갖추지 않은 채 벽에 게시되었다. 또한 지나다니는 어린이와 어른 모두가 거기에서 나타내는 것이 무엇인지 잠시 멈춰 서서 생각해 보도록 초대하였다. 그리고 여기서 영향을 받아 어떻게 더해지는지 또 어떻게 반응하는지에 대해 궁금증을 갖도록 했다. 이런 자유로운 형식의 전시는 추가와 확장뿐만 아니라 그것을 보는 사람들의 생각을 활짝 열어 의식의 변화를 불러일으켰다. Karin의 벽은 발현적 내부작용(emergent intra-action)을 적극적으로 **불러일으켰다.** 그뿐만 아니라 좀 더 심오한 사고까지 유발했다. 벽은 무엇인가를 생각할 이야기를 들려준다. 삶과 마찬가지로 벽도 움직이고 창의적일 수 있다(Ceppi & Zini, 1998).

Karin이 내게 말해 준 살아 있는 벽 이야기는 Ceppi와 Zini가 짚은 바를 보여 준다.

> 어느 날 교사는 오버헤드 투명지에 한 어린이의 이야기를 적었다. 아이는 자기 이야기를 벽에 비추었다. 그런 후 벽과 프로젝터 사이 공간에서 주위를 돌고 돌면서 자기 피부와 드레스에 비친 글자와 빛의 놀이를 탐색하였다. 그러면서 글자가 안개나 비와 같아서 자기가 걸어서 글자를 통과할 수 있다고 말했다. 아이의 이야기는 벽만이 아니라 공중에, 몸에, 또 몸으로 흘러들어갔다. 아이가 벽에 있는 특정 글자 위에 나무블록을 얹자 그 글자가 나무에 비췄다. 아이가 물었다. "이 글자가 내 이름인가요?"

위 이야기에서 예기치 않은 마법과도 같은 순간이 펼쳐진다. 글자를 경험하고 글자와 함께 내적으로 작용하면서, 완전히 새로운 방식으로 글자를 자기 것으로 만드는 새로운 방법에 현실태는 무너져 버린다. 이런 은총 또는 이 **특개성**(*haecceity*)의 순간은 운동에 또 오래 고정된 것을 녹일 때 반드시 필요하다. **특개성**(*haecceity*) 혹은 바로 이것임(just-this-ness)은 Deleuze의 탈-영토화로서 매끄러운 공간으로도 불리며 필수요건에 해당한다. 이 공간은 지나치게 코드화된 홈 파임에서 벗어나 있다. 이 매끄러운 공간에서 우리는 현재 순간으로, 그 시간에 맞춰 또 그 공간에서 몰입할 수 있다. 우리는 이 순간을 통해 규범적 기대, 습관적으로 반복적 사고, 관행과 구조의 억눌림에서 자주 벗어나게 된다.

> 특개성은 최대 속도와 강도의 순간(개체화, individuation)으로, 마치 수영할 때 몸이 파도처럼 출렁이고, 순간적으로 힘과 리듬의 강도만으로 떠 있는 것과 같다. 혹은 몸이 수평이 되면서(becomes-horizon) 곡선과 표면 사이의 상호작용(interplay)만을 느끼며 여기와 저기가 어딘지 모르고 또 관찰자와 관찰대상자가 누군지 알 수가 없게 된다.
>
> (Halsey, 2007: 146)

이와 함께 글자, 빛, 몸이 즐거운 탐색의 춤으로 합쳐질 때 거기에 적힌 글자들은 더 이상 분리되지 않고 이질적이지 않게 된다. 오히려 친밀해지고 친숙해진다. 기록작업은 새로운 사고하기와 이기(being)의 길을 열어 주고 지속적으로 사고하게 만든다. 이와 함께 어린이와 교사가 상승선을 향해 열리도록 하는 순간적인 그리고 매우 중요한 방법이다. 한편 하강선도 여전히 진행 중이며, 어린이 활동을 기존의 홈 파임으로 다시 합쳐준다. 예를 들어 어린이 말과 삽화는 상업적 도서자료로 상품화되어 악용될 수 있다. 혹은 학교의 좋은 가르침이나 특정 교사의 우수성에 대한 '증거'로 변질될 수도 있다. 한편 하강선은 발현적 귀 기울이기를 종결시키는 잠재성을 갖고 있다. 이런 종결은 의식적 차원에서는 거의 일어나지 않는다. 분명히 의도적으로는 일어나지 않는다. 악용 가능한 자료의 제작은 그런 것을 만드는 사람이 필요한 경비 마련이나 학교나 교사의 프로필을 작성하기 위한 합리적 수단으로 이해될 수 있다. 그러나 자료의 제작에 우선순위를 둘 경우 다음과 같은 특개성을 잃어버리는 엄청난 손실을 초래할 수 있다. 즉, **특개성**(*haecceity*)과 순간적으로 발현적 되기(being emergency), 그리고 사고하기와 이기(being)의 창조적 진화는 사라진다. 이런 손실은 상업적 혹은 평가 가능한 결과물을 제작할 때에는 보이지 않는다.

아래 두 번째 이야기는 Jönköping 교사들과의 토론에서 어린이의 장소에 대한 이해를 기록하기 위해 찍은 사진에 관한 내용이다. 이 주제는 그 해 레지오 에밀리아의 공동 연구주제이기도 했다.

> 아이들은 학교 근처 공원을 탐색하고 있었다. 아이들은 새를 보려고 했지만 볼 수 없었다. 교사가 물었다. "뭔가 발견한 것이 있니?" 교사가 찍은 사진 속에는 클로버 꽃을 손가락으로 가르치고 있는 아이의 모습이 기록되어 있다.

청각이 점령한 기록작업에서 벗어나 시각 기록작업으로 넘어오게 되면 다음과 같은 흥미로운 질문이 활짝 펼쳐진다. 손가락 가르치기의 장면에서 누가 그 행위주체자인가? 어린이가 꽃을 발견한 그 갑작스런 경이의 순간, 즉 아마 난생 처음 수많은 작은 트럼펫 꽃들로 된 옅은 분홍색의 둥그런 구형체(球形體)를 생생히 보고 있는 순간을 카메라가 찍고 있는 것인가? 이 경우에는 '바로 이것임'의 순간에, 즉 **특개성**(*haecceity*)의 순간에 사로잡힌 어린이가 행위주체가 된다.

아니면 어린이들이 새를 찾고 있지 않고 카메라로 생생하게 기록작업이 될 다른 무엇인가를 찾고 있다고 판단한 교사가 행위주체자인가? 혹은 논란이 있겠지만 카메라가 행위주체자인가? 교사와 어린이들은 이 카메라가 촬영 가능한 게 무엇인가라는 데에만 관심을 가진 채 그러한 것을 탐색하는 일에만 사로잡혀 있는가? 디지털 줌 렌즈가 장착된 이 카메라는 꽃과 손가락을 가리킬 수 있다. 또한, 디지털 기술 덕분에 어린이들은 카메라로 촬영가능한 것과 그에 맞춰진 활동이 조직된 방법에 대해 더 잘 알게 되었다. 한발 더 나아가 다른 읽을거리를 통해 우리는 다음과 같이 질문을 던질 수 있다. 기록작업의 기법 그 자체가 행위주체자인가?

공원에서 보낸 시간이 기록작업의 기법에 맞아 들어가지 않을 경우 교사와 어린이들은 무엇을 할 것인가? 조용히 앉아서 새 노래를 들었을까? 꽃을 골라 향기를 맡았을까? 사진에 만족하지 않고 꽃 구조를 조사하기로 결정했을까? 아니면 소리와 공간을 탐색하면서 달리고 뛰어올라 소리를 질렀을까? 공기를 마시고, 공간을 움직이는 몸이 풀밭 위로 구르면서 그 공원에서 이기(being)의 다른 가능성은 열렸을까?

그런 이미지를 낭만적으로 만드는 것은 어렵지 않다. 또 기록작업이 방해가 된다고, 심지어 통제적이라고까지 생각하기 쉽다. 그렇기 때문에 알려지지 않은 방향을 향해 창조적인 이동을 펼칠 때, 또 그것이 평범한 삶(life-as-usual)이 유지되는 일상적 관행을 휘저을 때 기록작업이 여기서 핵심적 역할을 한다는 점을 거듭 강조해야 한다. 손가락 가르키기 사진의 순간이 바로 이 순간이었을 것이다.

기록작업을 통해 사람들은 이기(being)를 인식하게 되는 이기의 순간에 참여하게 된다. 또한 사고와 함께 그 사고에서 나타난 다양성의 이기 순간에 참여한다. 이 장면에서 벽과 카메라와 같은 사물은 내부작용한다. 여기서 사물과 우리의 관계를 알아차리는 것이 중요하다. 우리와의 육체적 관계가 아니라 그 사물에 대한 우리 마음의 몰입이다. 우리는 벽과 카메라가 포로로 잡아 두는 것처럼 현실태를 유지하기 위해 그 사물을 사용할 수 있다. 아니면 Karin이 보여 주듯이 즐겁고 예상치 못한 것을 펼쳐주는 방법으로도 사용할 수 있다. 이것이 바로 기존의 것을 뛰어넘는 탈주선이다.

상승선과 그 홈 파임은 항상 스스로가 재언급되기를 학수고대한다는 것이 Bergson과 Deleuze와 Guattari가 지적한 핵심 사항이다. 어른이 아이와 작업하고 놀이를 할 때, 우리는 우연히 그런 홈파임을 가져와 한 번도 검토해 보지 않은 욕망으로 그 하강선에서부터 시작할 수 있다. 교사는 끊임없이 선택에 관여한다. Taubma(2010: 210)에 따르면, 그 선택과정에서 "교사 스스로 그 선택을 통해 리비도적 몰입과정을 성실히 점검해야 한다." 사리사욕은 "지나치게 결정된 애착과 변화에 대항하는 방어"이다(Taubman, 2010: 210). "분석의 엄격성을 포기하거나 과장하는 일은 우리 자신에 대한 배신이다. 왜냐하면 우리가 우리의 실제를 바로 생생히 경험하고 있는 자신의 현실태에 눈을 감고, Badiou가 견해격언으로 꼬리표 붙인 내용, 즉 "당신이 항상 믿어온 것만을 사랑하라."라는 데에 굴복할 위험소지가 있기 때문이다(Taubman, 2010: 211; Badiou, 2001: 52에서 인용). 우리는 이를 깨닫지 못하고, 현실태의 일부 면만을 향한 미확인된 애착으로 우리가 영향을 받을 수 있는 만남을 거부한다.

따라서 발현적 귀 기울이기가 필요하다. 발현적 귀 기울이기란 스스로를 의견에 국한시키거나 항상 믿고 원했던 바에 제한시키지 않는 것을 의미한다. 또한 판단의 유보이다. 즉 현실태가 지나가도록, 또 현상에 배인 평범한 일상이 지나가도록 해 준다. 발현적 귀 기울이기란 새로운 알기와 이기(being) 방식을 펼쳐주며, 이와 함께 닫힘에 적극적으로 저항하고, 어떤 상황의 공백에 대해 궁금증을 갖도록 해 준다. 그리고 발현적 귀 기울이기는 마침내 자기 자신의 욕망과 리비도적 몰입에 대해 적극적으로 인식할 것을 요구한다. 이 각각에 유의미한 바는 자기 자신의 차이 생성(differentiation)에 대한 개방이다 – 자기 자신과 차이화되기, 더 나아가 자신이 관심을 보인 본질과 현실태에 더 이상 기존 방법을 고집하지 않고 새로운 방법 모색하기이다.

차이를 만들어 내는 귀 기울이기

Emergent listening as differentiation

Roffe는 **차이 생성**(*differentiation*)의 Deleuze식 공간 혹은 내부작용하는 되기(intra-active-becoming)를 다음과 같이 설명한다. 첫째, "개인의 한계로부터 어느 정도까지의 회피, 즉 탈개별화(de-individualization)의 순간"이다. 둘째, "세계에 존재하는 새로운 방식의 구성, 사고하기와 느끼기의 새로운 방식, 주체가 되는 새로운 방식"(Roffe, 2007: 43)이다. 차이 생성은 주체 또는 객체를 제자리에 고정시키지 않는다. 정적으로, 개별적으로 또는 이중의 정체성으로 한정짓지도 않는다. 누군가를 이것 **아니면** 저것, 또는 절대적으로 무엇이다로 **제한하지도 않는다.** 대신에 차이화는 기존 공간 내에서 지속적인 관계를 통해 창조적 에너지가 동원되는 공간을 펼쳐 준다. 기존의 것에 대한 거부가 아니다. 반면에 철학, 과학, 예술에 뿌리를 둔 신념에 기반을 두고 있다. 그리고 이 신념은 삶이 창출해내고, 운동과 발명을 통해 도출된다. 아울러 기존에 알려진 것을 바탕으로 하면서 동시에 새로운 무엇인가를 창출한다(Davies, 2009b).

차이 생성은 처음 몸이 깊은 물속에 빠졌을 경우와 다르지 않다. 새로운 공간에 적합한 새로운 기술을 신속하게 습득한다. 동시에 기존 지식 또한 갖고 있어야 한다. 그렇지 않으면 새로운 것은 위험에 빠질 수 있다.

> 단단한 지구의 저항력만 알고서 스스로를 물에 던진 그 사람은 새로운 환경의 유동성에 맞서 싸우지 않으면 즉시 익사하게 된다. 억지로라도 그는 물에서, 소위 물에서조차 보이는 그 단단함에 매달려야 한다. 오직 이 조건에서만 그 사람은 이 액체의 유연성에 익숙해질 수 있다. 우리가 보기에 그것은 새로운 도약을 결정하는 순간이다. (Bergson, 1998: 193)

Trollet 유아학교에서 발췌한 아래 이야기에서, Bosnia계인 3살 난 미르자는 새로운 것을 향해 뛰어들었다. 처음 물에 빠져 든 몸과 달리 이 소년은 모래상자의 새로운 모래 매개체가 펼쳐지는 것을 알게 되었다. **Torgetpedagog**[3]인 교사 크리스티나 닐슨은 새로운 매개체에 자아를 몰입시켜주는 공간을 펼쳐주었다. 아래는 4살 난 코라와 매츠와 함께 놀고 있는 미르자에 대한 이야기다.

> 아침에 크리스티나 교사와 함께 과일을 먹은 후, 아이들은 나무블록으로 도로와 건물을 짓기 시작한다. 잠시 후 미르자는 주변에 있는 모래상자로 관심을 옮겨간다. 그 한가운데 흥미를 끄는 것은 모래에서 나온 대칭의 둥근 말뚝이다. 미르자는 크리스티나 교사를 힐끗 본 후 나를 보면서 내가 "안 돼."라고 말하길 기다리고 있다. 몇 초의 주저함 끝에 미르자는 재빨리 손을 모래 속으로 밀어 넣는다. 미르자의 신체적 감응은 그가 이 행동이 위험한 운동임을 알고 있음을 말해 준다. 크리스티나는 모래상자 시간이 아니라고 조용히 말하고, 모래를 손에서 털어내고 모래상자 위로 손을 문지르는 방법을 미르자에게 시연해 준다. 겉으로 보기에 미르자는 별 저항 없이 따르고 있다. 그러나 마치 모래가 그를 불러내고 있는 것처럼 보인다. 미르자는 모래상자로 돌아가 몸을 전율하면서 모래상자 속으로 손을 다시 집어넣는다.
>
> 한편 교사 크리스티나는 블록 길이라는 새롭게 전개되는 활동을 제안 중이다. 한 소년은 짓기 프로젝트에 참여한다. 크리스티나는 조용히 미즈라에게 다가가 모래에서 놀아도 된다고 전한다. 미즈라는 한 국자의 모래로 공처럼 동그랗게 모아 꼭꼭 누른다. 미즈라는 새로운 공을 만들려다가 방법을 몰라 멈춘다. 먼 곳을 쳐다보면서 손가락을 모래 안으로 집어넣는다. 그리고는 작은 성 만들기에 별로 만족스러워 보이지

---

3) 정원에서의 활동을 계획하고 감독하는 일에 전적으로 책임이 있는 교사가 있는 것처럼, 피아자(piazza)나 광장에서 요리사, 공동의 단체 또는 특별한 축하행사 작품의 창작과 같은 활동을 조직하는 교사인 torgetpedagog가 있다. 여기에서 아이들은 교사인 Christina가 계획한 활동의 평상 시 집단구성에서 벗어난 아이들과 만나고 놀이를 한다. torgetpedagog는 문자 그대로 광장의 교육이다.

> 않는다. 미즈라는 크리스티나가 자신에게 시연해 준 것처럼 손에서 모래를 닦고, 마지막 모래를 바지에서 털어내면서 어슬렁거린다.
>
> 코라가 모래상자로 오면서 미즈라가 다시 합류한다. 코라는 크리스티나교사에게 새로운 모래 공을 만들자고 하면서 방법을 보여 주고 공을 만든다. 이번에는 모래성이 높게 쌓이면서 새로운 모양이 나오도록 가볍게 두드려 쌓으면서 또 두들긴다. 두 아이는 조용히 이야기를 나누면서 모래성에서 계속 작업한다. 아이들은 흐르는 물처럼 대화를 나눈다.
>
> 아이들이 바깥으로 나갈 시간이다. 미즈라는 좀 전에 배운 대로 손에서 모래를 털려고 하지만 손에 모래가 아직 남아 있다. 미즈라는 바지에 손을 대고, 교사 크리스티나가 자신에게 보여 주었듯이 모래를 문질러 다시 턴다. (되지 않는지) 크리스티나에게 호소를 하자 크리스티나는 물로 씻으라고 한다. 코라도 손을 씻으러 온다. 교사 크리스티나는 밖에 나가고 교사 미미가 대신에 이 영역을 담당한다. 코라는 미미에게 큰 소리로 외친다. 자신들이 바깥놀이 시간 동안 안에 있어도 되는지 묻는다. 미미는 그렇다고 대답해 준다. 아이들은 모래상자로 돌아온다. 미즈라는 코라 것과는 다른 지붕 첨탑을 만들어 모래성을 재구성한다. 미즈라는 지금 행복하다.

처음에는 크리스티나 교사가 아침 차를 마시고 그 다음에 블록 활동을 진행하려고 아이들을 불러 모았다. 미즈라가 흥미를 보이지 않자 점잖게 미즈라를 불러 협동블록 활동으로 다시 관심을 이끌었다. 크리스티나는 미즈라에게 지금 이 시간과 장소에서 해야 할 일이 블록 활동임을 분명히 알려주고는 모래 상자에서 미즈라 자신을 빼내는 방법을 시연해 주었다. 그러나 크리스티나는 미즈라와 그의 몸 언어에 귀를 기울이고는 모래가 얼마나 미즈라를 끌어당기는지 재빨리 알아차렸다. 다른 소집단과 함께 집단을 재구성하는 그 순간 크리스티나는 새롭게 드러나는 이 가능성을 발견하고는 이 아이들이 특정 방식으로 블록 놀이를 하도록 계획했던 그 구체적인 시나리오 계획을 내려놓았다. 대신에 크리스티나는 미즈라에게 모래상자를 갖고 놀아도 좋다는 사실을 조용히 알려주었다.

한 가지 종류의 질서에서 다른 종류의 질서로의 운동은 아이들의 창조성에 대한 반응으로 나타났다. 그러나 미즈라가 모래놀이를 갈망했음에도 불구하고 그는 모래놀이를 어떻게 해야 할지 몰라 당황했다. 코라가 모래놀이에 합류하여 미즈라와 함께 자신감 있게 모래 쌓기를 하였을 때, 미즈라는 코라와 자신이 함께하는 놀이를 관찰하고 또 실험하였다. 그리고 새로운 매체로 쌓는 방법을 찾아냈다. 둘이 놀이를 할 때, 미즈라와 코라는 눈 맞춤, 목소리, 신체 이동 및 표정 표현을 통해 서로 연결되어 접속하면서, 젖은 모래에서 서로 흡수되고 서로 시범이 되어 주었다. 거기에는 모래 갖고 놀기라는 협업 행위가 존재하였다. 주고받음의 리듬, 함께 공간 차지하기, 그리고 함께 공간에서 작업하기가 바로 협업 행위에 해당하였다. 공유 가능한 언어가 제한적이었지만 두 아이는 서로에게 귀를 기울였다. 그래서 미즈라의 전율이 이는 욕망의 순간은 은총의 순간으로 바뀌었고, 거기서 모래를 매체로 삼아 운동 속에서 아이들의 자아가 함께 움직이기(selves-together-in-motion)가 펼쳐졌다.

상승과 하강의 이중 운동은 우리에게 현실태를 기꺼이 포기하도록 요구한다. 동시에 안정 및 예측 가능성의 욕망과 상황에 대한 욕망의 영향력을 포함하여, 욕망에로의 충실함 즉, 욕망을 인식하라고 요구한다. 이것은 자신과 상황의 진리에 충실해짐이다. 이와 동시에 새로운 진리에 개방되는 것이며, 정적이려고 하는 욕망과는 긴장 관계에 서게 되는 것이다. 왜냐하면 내부작용적 되기라기보다 실체 되기이기 때문이다.

다음은 Virginia Woolf의 『존재의 순간(*Moments of being*)』에서 발췌한 내용이다. 이 이야기는 이중적 운동의 복잡성을 보여 준다. 그리고 늘 존재하는 경향성, 즉 이동에서 정지하는 것으로, 상승에서 하강으로 바뀌는 그런 경향성을 나타내고 있다.

> 나는 잔디밭에서 토비와 싸우고 있었다. 우리는 주먹으로 연거푸 때리고 있었다. 내가 토비를 때리기 위해 주먹을 올렸을 때, 나는 느꼈다. 왜 다른 사람에게 상처를 입혔는가? 나는 즉시 내 손을 떨어뜨리고 거기 서서 토비가 나를 때리게 했다. 나는 그 느낌을 기억한다. 그것은 희망 없는 슬픔의 느낌이었다. 마치 내가 무언가 끔찍한 것을 알게 된 것처

> 럼 보였다. 그리고 내 자신의 무력감을 알게 된 것처럼 느꼈다. 나는 혼자서 정신을 차리고, 끔찍하게 우울해졌다. … 사람들이 서로 상처를 주고 있다는 사실을 발견했을 때 그 고통을 도저히 감당할 수 없었다.
>
> (Woolf, 1978, pp. 82-83)

시작부에서 이 이야기는 어린 시절의 예측 가능한 싸움이랄 수 있는 있는 하강선을 나타내고 있다. Bergon(1998)의 언어로 쓰자면, 싸움은 어떤 생각도 필요치 않는 자동 반복의 하강선이다. 그러나 이 특정 싸움의 자동적 해결은 다음 질문으로 인해 중단된다. 그 질문은 아마도 이기(being)의 새로운 방식으로 이끌 상승선에 해당한다. 혹은 새로운 무언가로 인도하는 통찰의 순간이다. 그러나 아니다. 아이는 끔찍하게 우울해한다. 아이는 완전히 무기력해짐을 느낀다. 아이는 싸움보다 훨씬 더 나쁜 것으로 내려간다. 즉 자신의 무력함을 기꺼이 받아들이는 태도이다. **"다른 사람에게 상처를 주는 이유는 무엇일까?"**라는 질문이 이 아이가 다른 원칙들에 비해 더 비중 있고 균형 있는 지침이 될 만한 원칙을 발견했다는 것을 뜻할 뿐 아니라, 하강선, 즉 이번에는 성적 차별을 반영하고도 있는가?

다양하고 개방적인 드러남(출현)을 포기할 경우 새로운 사고는 급작스럽게 멈춰질 수 있다. 이를 Bergson은 다음과 같이 표현한다.

> 자유는 그것이 확인된 바로 그 순간, 끊임없는 노력을 통해 스스로를 갱신하지 않을 경우, 자유를 억압하는 습관을 점점 크게 만든다. 자유는 무의식적인 자동작용에 의해 막혀버린다. 가장 생동적인 사고가 그것을 표현하는 양식에서 멈춰버린다. 말은 발상에게 등을 돌리고 있다.
>
> (Bergson, 1998: 127)

Virginia가 8살이 되던 1890년 빅토리아 시대 영국의 중산층에서, 당시의 성차별적 현실은 힘으로 자신을 방어할 권리를 가졌다고 믿는 기백이 강한 소녀에게 전혀 먹혀들지 않았다. 동시에 내가 제안하건대, 이 이야기에서의 공백은, 즉 보이지 않는 현존은 그 완전 우울한 현실태의 탈-영토화하기(deterritorializing)이다. 그 후에 Virginia는 글로 이를 나타내었다. Virginia 스스로 수동적인 입장을 취할 때 느꼈던 절망의 깊이는 어른이 되어서까지 남아 있었다. 그녀는 이것에 대해 썼고, 또 자신의 기억 속에 반영했으며, 자신의 모든 소설 작품에서 근원적인 질문으로 나타냈다. **"왜 다른 사람에게 상처를 입히는 것인가?"**는 Virginia에게 싸움을 멈추게 했을 뿐만 아니라 자신이 두들겨 맞을 수 있는 힘을 갖도록 해 주었다. 성 차별의 하강선은 이후에 그녀의 모든 작품에서 아직 알려지지 않은 곳으로의 어려운 탈주로 나아가는 원동력이 되었다. 그 순간의 생생함과 강도는 이미 알려진 것의 단순한 재연보다 훨씬 더 많은 가능한 순간을 펼쳐주었다.

(결론 아닌) 결론 (In)conclusion

이 장에서는 아직 알려지지 않은 것에 대해 지속적으로 열어놓는 귀 기울이기가 갖는 피할 수 없는 어려움에 대해 살펴보았다. 발현적 귀 기울이기란 타인의 영향을 기꺼이 수용하고, 또 모든 것이 바뀌게 될 경우 바로 '이 순간'이라고 하는 **특개성**(*haecceity*)이나 은총이 될 가능성을 펼쳐 준다. 발현적 귀 기울이기란 느닷없이 나타나는 다양성, 공동체의 가능성, 삶 자체의 창조적 진화 사이의 관계적 공간에서 시작된다. 발현적 귀 기울이기는 예측 가능한 일상적 삶의 패턴과 긴장관계에 있으면서 또 거기에 의존한다. 그것은 차이가 나타날 수 있는 반복과 홈 파임이다. 한편 귀 기울이기는 새로운 무엇, 즉 삶 그 자체의 운동을 적극적으로 드러내는 것이 아니며, 종결이나 압류의 유형으로 나타날 수 있다. Bergson은 열림과 닫힘의 이 두 운동을 상승과 하강으로 구분하며 이 둘은 서로 관련이 있는 일반적인 운동이다. 아이들의 이야기를 듣는 것은 일상생활의 일상적 반복 속으로 우리를 끌어들일 뿐만 아니라, 우리를 위해, 또 매 순간 무언가를 창조해내는 **특개성**(*haecceity*)의 순간도 펼쳐 준다. 한 아이가 벽에 대고 한 실험, 몸에 빛이 비치는 것과 같은 글자를 활용한 또 다른 실험, 그리고 모래의 속성에 대한 세 번째 아이의 탐험, 이들 각각은 귀 기울이는 이들에게 영향을 준다. 그 말을 듣기 위해서는 자신의 의지나 자발성을 잃어버릴 필요가 있으며, 모든 것이 바뀌는 순간에 깨어 있도록, 차분한 마음으로 긴장을 풀어야 한다. 상승과 하강의 노선은 끊임없이 서로에게 영향을 미치기 때문에 분리될 수가 없다. 상승선은 – "왜 다른 사람에게 상처를 주는가?"와 같은 새로운 질문, 다시 말해서 당신을 구속력 있는, 분명히 고정된 하강선으로 뛰어들게 할 수 있다. 또한 상승선은 가끔씩 위태롭고 심지어 위험하기까지 하다.

"삶은 의식에서 매 순간 무엇인가를 창조하고 있다(1998: 29)."라는 Bergson의 말을 가지고 앞서 이 장의 서두를 시작했다. 발현적 귀 기울이기에 대한 참여는 아이들과 우리 자신에게서 그 창조적 힘을 활용하는 것이다. 이는 특별한 선물이 될 것이다.

제3장에서는 정체성으로서의 자아와 발현된 다양한 무엇으로서의 자아 간에 경험하게 되는 긴장에 대하여 살펴볼 것이다. 자아에 대한 이러한 두 가지 가능성은 실제로 서로 분리될 수 없으며 상승선과 하강선처럼 서로 의존하고 있다.

CHAPTER 3

내부작용적인 되기

Intra-active becoming

앞서 제2장에서는 발현적 귀 기울이기(emergent listening)와 일상적 귀 기울이기(listening-as-usual)에 관해 살펴보았다. 나는 제2장에서 이들이 전적으로 별개의 것이 아니라, 한편으로는 탈주선에, 그리고 다른 한편으로는 홈들(striations)에 서로 연결되어 있는 상호의존적인 것이라는 논의를 전개하였다. 이 장에서는 경청의 ~~주체(subject)~~ 또는 경청 대상의 본질에 대해 살펴보고자 한다.[4] 나는 경청의 주체나 대상이 들을 수 있고 인식 가능한 정체성을 지니고 있는 일상적 귀 기울이기와 그리고 ~~주체~~가 실체가 아닌 내부작용적 되기로서 존재하는 발현적인 귀 기울이기, 이 둘이 서로 얽혀 내부작용하고 있다고 생각한다. 상승선과 하강선과 함께, 나는 이들 두 종류의 주체가 실제로는 분리될 수 있는 것이 아니라 서로 의존적이라고 본다.

일상적 귀 기울이기는 기존의 범주로 파악할 수 있는 정체성을 지닌 개인 자아를 만들어 낸다. 인간 주체가 도달해야 할 이상(ideals)에 못 미친다는 이유로, 오늘날 개인 자아의 인성은 스스로 또는 타자에 의하여 지속적으로 판

---

4) '~~주체(subject)~~'에서 가로 그은 선은 해체를 의미한다. 이제까지 우리가 신봉해온 주체(subject)라는 개념이 이항대립적 논리와 위계에 따라 구성된 것이므로, 그 경직된 논리를 해체하기 위함이다. 이를테면, 개별 주체는 단수 **아니면** 복수, 자아 **아니면** 타자, 고정된 것 **아니면** 움직이는 것과 같이 **(그렇게 선택적으로)** 존재하는 것이 아니다. 주체는 이 모든 모습으로 존재하고 있다.

단되고 있다. 서구의 정부와 기관들을 지배하고 있는 신자유주의 체제하에서 사람들은 자신이 선한 존재(being good)가 아닐까 봐 두려워한다. 신자유주의는 학교나 일터에서 경쟁을 부추기고 위기를 개인의 탓으로 돌리면서 개인주의를 강화시키고 있다(Davies & Bansel, 2005; 2007a, b). 이상을 좇아 살아가려는 각 개인의 시도는 선택의 자유라는 말로 해석된다. 즉, 선택을 잘하면 누구나 성공할 수 있다는 것이다. 그리고 그러한 선택은 도덕적 차원에서 좋은 인성을 보이는가 또는 보이지 못하는가에 따라 평가된다(Deleuze, 1980).

나는 이러한 개별화된 자아의 개념을 의지적 주체(subject-of-will)라고 칭한 바 있다(Davies, 2010). 이때의 의지는 선택을 이끌어주며, 선택한 것의 정체성을 규정지어 주는 것을 말한다. 자아는 그 자체를 재인(recognition)하려는 열망, 즉 무엇이 **진짜**인지(what is *really* is)를 확인하기 위한 열망을 가지고 있다. 이때 실재(reality)는 재인이란 행위에 앞서 존재하는 셈이다(Davies et al., 2013). 정체성을 **지닌**(*has*) 자아는 에고와 동일시되고 타자로부터 자신을 방어하는 데 붙잡혀 있다. 타자는 이를 판단하고 이를 원하는 동시에, 역으로 판단되는 자이다.

이 책의 주된 관점인 후기구조주의 관점에서 볼 때, 주체에 관한 이러한 개념화는 더 이상 유효하지 않다. 내부작용적으로 되어 가는 ~~주체~~는 발현적이고 관계적인 존재로 재개념화된다. 즉, 주체들 간의 차이는 범주적인 차이가 아니다. 내부작용적으로 되어 가는 ~~주체~~는 다른 ~~주체~~들과 분리되지 않으며 대존재(Being)의 부분으로서 다르게 되기(becoming different) 또는 차이화(differentiation)의 문제인 것이다(Davies & Gannon, 2009). 이러한 사유에서 우리 모두는 물질(matter)로 만들어졌으며 인간이라는 동일성을 지닌다. 이는 '이것 아니면 저것'과 같이 단순한 문제가 아니다. 우리는 하나의 주체화된 존재도 아니고 주체화된 집단도 아니다. 우리는 단수**이면서도** 복수이며, 특이성(singularity)을 지니면서 보편적인(all) 인간성 또한 지니고 있다. 그리고 제각각이기도 하고 다수성(plurality)을 지니기도 한다. 이러한 사고를 Deleuze는 "천 개의 목소리이자 하나의 같은 목소리, 모든 물방울이자 하나의 해양, 모든 존재들이자 대존재의 울림(Deleuze, 1994: 304)"이라고 말한다.

주체와 ~~주체~~라는 두 개념의 차이를 이해하기 위해서는 이 둘이 동등하지도 않고 대체 가능한 것도 아니라는 점을 이해해야 한다. 그리고 이 둘이 '이기(being)'와 '알기(knowing)'의 서로 독립적이고 대체 가능한 방식을 의미하는 것 또한 아님을 이해해야 한다.

정체성으로서의 자아(self-as-identity)라는 의미에는 단수 대 복수라는 이항이 내포되어 있다. 단수인 '나(I)'는 복수인 '사회(society)'에 대응하는 말이다. 서구 문화에는 능동적인 행위주체자(agent)로서 개별 주체를 보는 개념이 만연해 있다. 따라서 이렇게 개별화된 정체성으로서 주체를 구성함으로써 행위주체성(agency)이 사실상 봉쇄되고 방해받는다는 것을 상상하기 힘들다. 이와는 달리, 내부작용적 되기인 ~~주체~~는 단수**이자** 복수이다. 그 자체에 다수성과 여러 개의 특이성, 그리고 대존재에 내포되어 있는 존재들의 다양성이 들어 있다.

개별화된 주체의 **특수성**(*specificity*)은 존재론적으로 실재하는 것이다. 그리고 그것은 인식 가능하며 지속적이며 예측 가능한 존재로서의 감각을 형성하여 정체성을 성취하도록 뚜렷이 드러나게 작용한다(Bergson, 1998). 그러나 이처럼 인식 가능하고 지속적인 존재가 가지고 있는 질서 있는 예측 가능성은 그 자체가 스스로의 한계가 되며, 제도적 강제와 통제로 행위주체성의 결핍될 수 있는 허약함의 토대가 된다.

정체성으로서의 자아가 타자에 귀 기울인다는 것은 이미 만들어 놓은 이상에 맞추어 판단한다는 것이며 상대가 원하는 바를 알아차리는 행위다. 동시에 이러한 듣기는 '나와 다르다' 또는 '나와 같다'의 경계를 만들어 낸다. 듣는 행위 자체에 가까워지면 사고와 발화의 우세한 방식에 익숙하게 되고, 예상 가능한 담화 방식(modes of enunciation)을 사용하게 된다. 윤리적 사고와 실천에 필요한 용량은 자아 대 타자라는 이항분리와 자아 생존에 대한 근본적인 집착에 의해 제한된다.

이와 반대로, 내부작용적 되기에서 타자에 귀 기울인다는 것은 이제까지 접혀 있던 무언가가 펼쳐지며 우연히 떠오르는 생각과 그에 반하는 생각을 듣는 일종의 사건(happening)을 의미한다. 이때 듣기는 단순히 자신과 타자를 향하는 것이 아니라, 우리 자신에게 그리고 우리를 통해 강력한 힘을 작동시킨다. 귀를 기울여 듣는다는 것은 변화하는 것과 발현적 사고를 듣는 것이며 그 속에 함께 연루되는 것, 즉 회절(回折, diffraction)하는 것이다. 행위주체성은 바로 이러한 발현적 사고와 '천 개의 목소리라는 다양성'을 듣는 능력 안에 들어 있다.

그러므로 개별화된 정체성으로서의 자아는 상상 가능한 시작점이거나 **종결점**(*end-point*)이 아니라, 이미 알려진 것에 갇힐 수 있는 사고의 잠재적 걸림돌이다. 정체성은 이미 존재하는 지식과 밀접하게 관련되어 있기 때문에, '~임(what it is)'과 '~앎(what it knows)'은 서로 분리되지 않는다. 정체성으로서의 자아라는 관점에서 본다면, 정체성은 모두에게 중요하다. 이러한 주체는 일종의 나르시시즘과 편집증에 빠져 있다. 주체는 그 자체로 위치를 차지한다. 또한 주체는 마치 원본이고 유일한 것처럼 자신을 바라본다. 그리고 이상과 자신이 일치하지 않을 때는 스스로를 끊임없이 방어하면서 기존의 반복적인 틀 속에 가둔다.

정체성으로서의 자아에서 내부작용적으로 되기인 ~~주체~~로 개념이 변한다는 것은 의지, 의도, 반복으로부터 벗어나는 것을 의미한다. 그리고 미지의 것을 **수용**(*receptiveness*)하는 것, 인간뿐만 아니라 동물, 지구를 포함하여 존재를 생각하는 사고방식, 존재의 생성 가능성을 향해 나아가는 것을 의미한다. 그런 사고가 가능하기 위해서는 개별화된 정체성으로서의 자아가 갖는 한계에 **저항해야** 한다. 발현적인 ~~주체~~가 되려면 하강선의 유혹, 즉 자신이 누구인지, 세상이 어떻게 돌아가는지 규정짓고자 하는 유혹을 끊임없이 이겨내야 한다. 내부작용적이고 발현적인 주체는 '저절로 분출되는 개인 능력'의 결과가 아니다. "반드시 **스스로에 대하여**(*against oneself*) 이겨낼 때만, 이 세상이 펼치는 놀이를 감내할 때만 획득할 수 있는 힘이다(Badiou, 2000: 11)." 그러한 ~~주체~~가 되고자 **결심하는**(*decide*) 것만으로는 충분하지 않다. 스스로를 이겨내야 하며, 규범적인 언어와 일상의 위력에 저항해야 한다. 끊임없는 투쟁인 것이다. 그러나 이와 동시에 쉽게 알아볼 수 있는 누군가가 되고, 하나의 정체성을 갖는 것도 생존에 필요하다. 투쟁하면서 쉴 수 있는 안전한 지점도 필요하기 때문이다.

Deleuze와 Guattari(1987)가 말하는 '분열(schizo)'은 내부작용적 되기인 ~~주체~~가 가지고 있는 것으로서, 정체성으로서의 자아 또는 '편집증 환자'와는 다른 무언가를 의미한다. Colebrook(2002: 5)은 "그들이 말하는 '분열'은 심리적 개념(정신분열증)이 아니다. 자아에 대한 고정된 규준이나 이미지에 지배당하지 않는, 즉 법에 종속되어 있는 자아가 아닌, 흐름과 생성 속에서 자아의 삶을 사유하는 방식이다."라고 말한다.

정체성으로서의 자아에 스스로가 투쟁하기 위해서는 작용(acting)과 반작용(reacting)이란 관습적인 방식으로부터 벗어나야 한다. 그동안 개별화된 자아들은 서로를 투쟁의 대상으로 삼아 왔고, 서로를 규정해 온 인용 고리 안에 그들 스스로를 위치시켜 놓았다. 개별화된 자아들은 본래적인 존재로, 그리고 고통스럽게도 자신의 이상적 이미지에 완벽하게 부합하여 살아낼 능력이 없는 존재로 자신들을 모순적으로 이해해 왔다(Davies, 2008; Davies & Harré, 1990).

내부작용적 되기인 ~~주체~~는 자신 삶의 중심에 서 있지 않으며, 규준적인 담론들에 의존하지도 않는다. 미지의 국면에서 내부작용적 되기인 ~~주체~~는 규준이나 도덕에 매몰되거나 타자를 비참하게 만들지 않는다. 대신 사건을 열고 새로운 가능성을 만들어 내는 진화의 충동을 지닌다. 나는 행위주체성이 행위하고자 하는 개인의 의지 속에 있는 것이 아니라, 타자와 미지를 향해 열려 있는 창조적인 진화 속에 있다고 생각한다.

내부작용적 되기인 ~~주체~~는 이미 파인 홈들 속에 갇혀 있지 않다. 그것은 존재의 발현적인 양상으로서, 감각과 상상력이 존재의 표현적인 양상을 향해 열려 있는 상태를 말한다. 내부작용적 되기의 존재는 모든 대존재와 존재론적으로 연결되어 있다. 후기구조주의적 관점에서 볼 때, 창조적 진화는 개별 사유자의 머리에서 나오는 것이 아니다. 창조적 진화는 발현적인 대존재로부터, 그리고 존재의 다양성에 귀 기울임으로써 사고가 발생하는 생성의 공간에 열려 있는 존재로부터 나타난다. 사고는 행위이자 운동이다. 사고는 대존재와 분리되지 않으며 개인 단독으로 소유할 수 있는 것도 아니다.

내부작용적 되기와 어린이 Children intra-actively becoming

나는 공동전기(傳記) 워크숍(collective biography workshop)에서 들었던 회절적인 이야기를 소개하려고 한다. 공동전기란 기억하기와 경청하기가 함께 작용하는 일련의 방법들을 실행하는 작업이다. 공동전기에 참여한 사람들은 세부적인 것을 주의 깊게 듣고 질문하면서, 이야기를 들려주고 다른 사람의 이야기를 듣는다. 이야기를 들려주는 사람은 상세하게 이야기를 한 다음, 그것을 쓰고 다시 모여 있는 다른 사람들에게 그 이야기를 소리 내어 읽어 준다. 이것을 **공동**(*collective*)이라고 부르는 이유는 이야기의 경청하기와 말하기의 과정에서 정체성으로서 개별 자아의 이야기가 아닌, 대존재의 천 개의 목소리로 이루어진 다양성의 질(質)을 중시하기 때문이다. 아래에 소개하는 이야기는 귀 기울이기에 관한 것이다. 한 아이의 이야기는 Nancy(2007: 5)의 표현처럼 "운동, 감각, 귓바퀴를 자극하는 표현, 그것은 강렬함과 관심, 호기심, 불안에서 생긴다."는 것을 보여 준다.

> 선생님이 악기 상자를 열었어요. 선생님은 누가 탬버린을 좋아하는지, 누가 드럼을 좋아하는지, 누가 트라이앵글을 좋아하는지 물었어요. 조그만 여자아이는 악기를 연주해 본 적이 없어서 손을 들지 않았지요. 선생님은 악기를 선택하지 않은 아이들에게 트라이앵글을 주었어요. 그 아이는 트라이앵글이 볼품없다고 생각했어요. 선생님은 악기를 연주하는 방법을 보여 주셨어요. 트라이앵글은 그저 작은 금속 막대기로 치면 되는 거였지요. 선생님은 피아노에 앉아 곡을 연주했어요. 아이들은 소란을 피워 대며 피아노 소리를 완전히 무시했어요. 조그만 여자아이는 조심스럽게 트라이앵글을 쳤어요. 그 소리는 그저 그랬지요. 트라이앵글 소리는 웃음소리, 쿵쿵대는 드럼 소리, 탬버린 소리와 뒤섞여 사라졌어요. 아이는 악기를 가지고 거칠게 소리 내며 악기 연주를 실험하는 아이들을 열심히 바라보았어요. 그렇게 관찰하기를 계속하던 끝에, 트라이앵글의 소리를 내려면 스틱을 느슨하게 쥐어야 한다는 것을 문득 알아차렸어요. 다시 피아노가 연주되자, 아이는 자신이 음표에 맞추어 친 트라이앵글의 소리가 뒤늦게 들린다는 것을 알게 되었어요. 그 아이

> 는 열심히 주의를 기울여 피아노와 트라이앵글, 스틱 소리를 들었어요. 선생님은 곡을 반복해서 연주했지요. 그 아이는 피아노의 음표보다 앞서 트라이앵글을 쳐야 한다는 것을 발견했어요. 두 소리가 어울릴 수 있도록 그 아이의 몸이 스틱을 쳐야 할 순간과 소리를 줄일 순간을 정확하게 알아차렸던 것이지요. 피아노와 트라이앵글의 소리는 절묘하게 어울리면서 그 아이의 온몸을 따뜻하게 감싸주었어요.

이 순간 여자아이는 의미 있는 귀 기울이기를 경험한 것이다. 소리를 들었고, 또 소리들의 마주침을 들었다. 아이의 귀 기울이기는 새로운 무언가를, 피아노와의 합주가 가능하도록 한 새로운 앎을 만들어 낸 것이다. 그 아이가 새롭게 발견한 지식은 몸에 즐거움으로 스며들어, 몸이 가진 앎과 행위용량, 그리고 생성의 용량을 변화시켰다. 그 아이의 지식(knowledge)은 교사–피아노–파인 홈들, 아이들–드럼–트라이앵글–탬버린, 여자아이–트라이앵글–스틱, 피아노–트라이앵글–교사라는 다양체들의 흐름 속에서 발생하였다. 이러한 회절적인 마주침이 타자들을 감응시킨다(Barad, 2007; Davies & Gannon, 2013).

여자아이가 집중해서 경청한 것은 단순히 교사가 지닌 의미나 의도에 따른 것이 아니다. 아이는 온몸으로 피아노의 울림과 박자를 들었고, 온 감각으로 다른 아이들의 연주를 들었다. 다른 아이들의 거친 소리가 처음에는 듣기 거북했지만, 결국 그들의 실험으로부터 아이는 무언가를 배운 것이다. 실험을 통해 타자들과 관계를 맺는 새로운 방식을 찾았다. 장난스럽고 모험적인 또래 덕분에 스틱을 느슨하게 쥐어야 한다는 것을 발견한 것이다.

여자아이–스틱–트라이앵글은 다른 아이들의 실험을 향해 열려 있었고, 교사–피아노와 마주치면서 동시에 새로운 것이 발생하였다. 아이는 자신의 모든 존재를 통해, 그리고 내부작용적 되기의 상태에서 귀를 기울임으로써 예전에는 미처 상상하지 못했던 집단의 창조라는 사건을 발견할 수 있었다. 이는 또래, 교사, 악기 없이는 불가능한 것이었다. "듣는다는 것은 안과 밖에 동시에 있다는 것이고, 모든 것과 모든 사람에게 열려 있는 것이다"(Nancy,

2007: 14). 우리는 차이를 듣는 것이다. 그리고 지속적으로 생성하면서 차이를 향해 열어 가는 것이다.

나는 Trollet 유아학교에서 있었던 일을 자세히 소개하면서 그곳에서 마주쳤던 열려 있던 존재의 순간들로 독자를 초대하고자 한다. 독자는 나와 함께 아이들에게 귀 기울이기를, 나와 함께 감각들의 "특이한 운동(singular mobility)"의 순간에 참여하여, "귓바퀴"를 "강렬함과 관심, 호기심과 불안"(Nancy, 2007: 5)을 향해 열어두길 바란다.

> 4세아 열두 명이 교실의 나무 의자에 모여 앉아 있다. 교사는 아이들과 마주보고 앉아 있다. 아이들은 돌아가면서 손을 들고 무언가를 말하고 있었다. 조슈아가 엄마와 함께 교실에 늦게 도착했다. 엄마가 플라스틱 통에서 바나나 두 개를 꺼내 교사에게 건넸다. 조슈아의 엄마는 교사 옆에 무릎을 꿇고 바닥에 앉았다. 엄마는 교사에게 조슈아가 유치원에서 아침 간식으로 주는 사과와 배를 좋아하지 않으니 바나나를 주면 좋겠다고 말했다. 아이들은 조용히 앉아 그 장면을 바라보았다. 엄마는 교실을 떠나면서 조슈아에게 입을 세 번 맞추었다. 조슈아는 엄마의 목을 꼭 감싸 안았다. 조슈아는 엄마를 안은 팔을 풀고 친구들을 향해 돌아섰다. 그리고는 마음이 바뀌었는지 다시 되돌아서서 엄마에게 입을 맞추었다. 그는 특별히 친한 친구가 없어서 아이들과 좀 떨어진 자리에 앉았다. 그리고는 머리를 떨군 채 흐느꼈다. 다른 아이들은 그의 슬픔을 알아차렸고 침묵과 공감으로 조슈아를 감싸주었다. 그 순간 조슈아는 혼자가 아니었으며 모두가 그와 함께 있었다. 그곳에서는 감정을 이처럼 표현하거나 엄마를 향한 열망을 드러내는 것이 문제되지 않았다.

이 장면은 모든 아이가 매일 아침에 겪는 관계의 이동, 즉 내부작용하는 **하나의**(*this*) ~~주체~~에서 내부작용하는 **또 하나의**(*another*) ~~주체~~로 이행(transition)하는 순간을 묘사한 것이다. 이러한 이행은 1세, 2세, 3세 아이들에게 흔히 볼 수 있는 것으로, 이행을 잘할 수 있도록 교사나 다른 아이들의 도움이 필요하다. 그곳에 있던 아이들은 모두 조슈아가 그만의 방식으로 존재의 한 양식에서 다른 양식으로 운동한다는 것을 알아차린 것이다. 엄마와 내부작용하고 있는 조슈아, 교실의 다른 사람들과 내부작용하고 있는 조슈아는 별개가 아니다. 조슈아의 엄마는 조슈아가 가지고 있는 차이를 교사와 협상한 것이고, 다른 아이들은 그것을 듣고 있었다. 조슈아는 자기편이 되어 준 엄마와 함께 있었다. 동시에 조슈아는 듣고 있는 아이들 중 하나가 되어 듣고 있었다. 엄마가 떠나자, 조슈아는 엄마와의 관계 속에 있던 자신을 잃어버린 것과 투쟁하면서 아이들 집단의 일원으로 옮겨갔다. Nancy의 표현을 빌자면, 이때 다른 아이들의 귀 기울임이 조슈아를 향해 열려 있었던 것이다. 그리고 다른 아이들은 조용히 앉아서 귀 기울이며 조슈아의 사랑과 투쟁을 자신들의 내부로 통과시킨 것이다.

아이들은 조슈아가 자신들과 다르다고 구분 짓거나, 자신들과 동일한 존재로 바뀌어야 할 존재라는 위치에 놓음으로써 그를 비참하게 만들지 않았다. 아이들은 조슈아의 엄마, 즉 아들의 편에서 어른 대 어른으로 말하면서 집에서 과일을 가져와 먹을 가능성을 협상한 조슈아의 엄마와 공명(resonance)하고 있었다. 아이들은 입맞춤의 공명에 귀 기울이는 데 열려 있었고, 조슈아가 엄마와의 관계를 중단해야만 하는 그의 복잡한 마음을 경청하는 데 열려 있었다. 아이들은 능동적인 귀 기울이기를 통해 자신들을 향한, 그리고 자신들로부터 움직임이 일어날 수 있는 공간을 만들어 내었다. 즉, "이것으로부터 저것에게, 그리고 저것 속에 있는 이것으로부터(Nancy, 2007: 14)"의 움직임 말이다. 이러한 이기(being)의 순간에, 아이들과 조슈아의 엄마, 교사는 조슈아로 알려진 특정한 ~~주체~~의 되기(becoming)가 가능해지는 그러한 맥락을 창출한 것이다.

그들이 만들어 낸 맥락은 이전 순간들을 반복한 것 중에 일부이다. 여기에서 스웨덴 유아학교가 강조하는 부모 참여의 책무성 그리고 차이를 가치 있게 여기는 레지오 에밀리아의 철학과 타자에 대한 감정이입이 명확히 드러난다. 동시에 그것은 조슈아가 엄마와의 관계에서 일어난 감응을 온전히 경험하고 표현할 수 있었던 순간, 또한 아이들이 조용히 귀 기울이기와 비판단적인 시선으로 조슈아의 그러한 감응을 감지하고 인정해 준 바로 그러한 순간에 발현된 것이다. 개인주의와 규범이 강조되는 시공간이었다면 아이들은 조슈아를 놀리거나 "수업"을 방해하지 말라고 했을 수도 있다. 그러나 귀 기울이는 아이들이 있는 맥락 속에서 조슈아의 바나나 선호 경향과 엄마에 대한 정서적 애착은 역동적인 힘을 발휘하였다. 이 현상은 그들은 조슈아가 누구인가 뿐만 아니라, **우리**(조슈아를 포함한 "우리")가 누구인가라는 것을 확인했다. 우리는 각자의 차이를 내포하는 하나의 집단이고 사랑의 강도와 그에 견줄 만한 무게를 지닌 이별의 슬픔을 아는 사람들의 집단이라는 것을 경험한 것이다. 우리 각자는 우리가 누구인지, 그리고 우리가 누가 될 수 있는지를 경험하는 순간 속에서 우리 자신과 서로를 알게 된다.

다른 범주 속으로 조슈아를 넣을 만큼 아이들은 조슈아에 대해 아는 것이 많지 않았다. 아이들이 알고 있는 것은 조슈아가 늦게 등원했고 사과와 배를 좋아하지 않으며 떨어져 앉아 있는 심약한 아이라는 정도였다. 하지만 아이들은 좋아하는 음식이 있어도 된다는 것, 엄마들이 아이들의 영웅이 될 수 있다는 것, 사람들 앞에서 사랑을 공공연하게 표현할 수 있다는 것, 조슈아가 그들과 같은 사람 중 하나지만 자신들과 분리될 수 있고 다를 수도 있다는 것을 알게 되었다. Nancy의 표현을 빌자면, 듣고 있는 아이는 일련의 지식을 통과시키고 있는 것이다. 각각 다르게 알고 있을 가능성, 다르게 아는 것의 안전함, 개방적으로 사랑을 표현하는 것, 위험을 받아들이는 것에 열려 있었다. 줄지어 놓인 나무 의자에 앉아 듣고 있을 때처럼 아이들 각자는 다른 존재가 없을 때에도 그리고 다른 존재 내에서도 열려 있었다. 그 누구도 조슈아를 부끄러워하지 않았다. 조슈아는 다른 아이들이 조심스럽게 듣고 있다는 것을 알고 당황했다. 심지어 정말 애정적이고 지지적인 엄마와의 경험이 없는 아이들조차도 자신에게 귀 기울이고 있다는 것이 당황스러웠다. 조슈아의 사랑과 슬픔은 아이들의 안과 밖을 열어 주었다. 아이들은 조슈아와 서로 연결되어 있으며, 각각 되기의 주체로서 공동의 귀 기울이기가 가능했다. 존재론적으로는 분리되어 있지만 함께 그들의 존재를 깨달았다. 동시에 각자는 그러한 존재 내에서 이름이 붙여지고 개인으로서 가치를 인정받았다.

> 약 서른 명의 3~5세 아이들이 줄지어 놓인 의자 위에 네모 모양으로 모여 앉아 있다. 아이들은 크리스티나 선생님과 마주 보며 함께 노래를 부르고 있다. 크리스티나 선생님은 노래에 맞추어 손유희를 보여 주었다. 조슈아와 또래 친구들은 뒷줄에 앉아 있었다. 조슈아는 크리스티나 선생님을 보지 않고 옆 친구 귀에 입을 가까이 대고 노래를 불렀다. 그가 노랫말을 "바르게" 불렀는지는 모르겠지만, 짓궂은 표정은 아니었다. 조슈아의 친구는 그의 노래를 듣고는 몸을 돌려 조슈아를 껴안았다. 그리고는 다시 앞을 보고 선생님과 다른 친구들의 소리에 맞추어 손동작을 하면서 노래를 불렀다. 그동안 조슈아는 다른 노래가사와 다른 손동작으로 자신만의 탈주선을 고안해 내었다. 선생님과 아이들은 여전히 한 목소리로 노래를 부르고 있었다. 조슈아의 친구가 조슈아를 따라 하기 시작했다. 그 순간 조슈아와 친구는 함께 노래하고 있는 집단의 한 부분이었고, 동시에 가사와 손동작을 즉흥적으로 만들어 내고 있었다.

조슈아와 그의 친구, 이 두 아이는 동일하면서도 차이를 가지고 있었다. 다른 아이들과 함께 앉아서 집단의 활동에 같이 참여하는 한편, 즉흥적으로 만든 가사와 손동작으로 노래를 부르면서 눈에 띄는 차이를 만들어 내기도 하였다. 두 아이는 집단과 내부적으로 작용하고 있었으며 각자도 내부적으로 작용하고 있었다. Venn(2002)의 표현을 쓰자면, 그들은 집단과 각자 둘 다로부터 배우고 있었고, 또 집단과 각자에게 귀 기울이고 있었던 것이다. 그들은 외부로부터 나와서 그들을 향해 움직이는 음악에 귀를 기울였다. 음악이 그들을 관통한 것이다. 음악은 그들 주변과 내면을 열어 주었다. 조슈아의 친구는 전체 집단이 부르는 노래 소리를 그의 안과 밖에서 이중으로 들었다. 그리고 동작을 보았고 그 동작은 다시 그의 동작이 되었다. 그는 자신이 아는 노랫말로 노래를 부르고, 집단이 부르는 노래를 다시 불렀다. 동시에 그는 조슈아의 변주를 듣고 보았다. 그는 조슈아를 껴안음으로써 조슈아의 변주를 받아들인다는 것을 보여 주었다. 그리고 한편으로는 집단과 동일해지기 위한 것을 놓치지 않고 있었다. 다시 그는 입장을 바꿔 조슈아의 6박자 변주를 따라가며 "~~자아(self)~~"의 내면을 열었다. 두 아이는 서로에게 귀를 기울였고 전체 집단에게도 귀를 기울인 것이다. 그들은 다른 아이들과의 창조적인 차이를 만드는 데 열려 있었고, 아이들 집단에 속해 함께 노래하고 있을 때조차도 자신들 안의 차이에 열려 있었다.

Deleuze와 Guattari(1987)의 용어로 표현하자면, 조슈아와 친구는 친숙하면서도 안전한 지점(노래, 의식, 장소)에 있었고 동시에 그들만의 탈주선(미지로의 변혁적 전환)을 타고 있었다.

두 아이는 집단의 노래를 그들 안에 접어 넣었다. 그리고 동시에 타자로서 만들어 낸 새로운 노랫말과 동작도 각자 자기 안으로 접어 넣었다. 그뿐만 아니라 두 아이는 서로에 대한 사랑을 표현하는 데 열려 있었고, 집단과 다르게 되는 위험도 기꺼이 받아들였다. 노래는 스웨덴어 노랫말과 함께 부르는 형태의 특징적인 요소를 갖추고 있었다. 그 순간 사회라는 직조 안으로 스스로를 집어넣는 방법에 대해 그리고 조직 안에 들어 있는 존재에 대해 집단적으로 배운 것이다. 아이들의 몸은 스웨덴 문화의 보관소다. 함께 노래를 부르며 아이들은 문화, 역사, 언어, 생활(practices)이라는 직물을 짜고 있는 것이다(Linnell, 2010). 그들은 서로 타자에게 귀 기울이고 타자가 제공하는 변혁을 자신의 것으로 삼으면서, 스스로를 자신들 문화의 언어 속에서 변혁을 꾀할 수 있는 자유로운 존재로 다르게 감지하였다. 조슈아는 이 공간, 즉 그가 동시에 수행적으로 현실화시켜 실재하게 만든 이 공간 속에서 '이기(being)'의 한 측면을 활성화시킨 것이다.

조슈아가 이처럼 그 상황에서 어떠한 **존재일** 수 있느냐 하는 문제는 그 상황에서 어떠한 종류의 주체가 인식 가능한지에 달린 것이며, 그 상황이 그에게 무엇을 제공할 수 있는가, 다시 말해서 그를 어떻게 위치시키며, 어떠한 발화 양식으로 이끄는가, 그리고 무엇에 가치를 두는가에 달려 있다. 결국 그는 조슈아라고 불리는 한 아이, 4살 난 어린이들 집단의 한 사람, 노래하고 있는 집단 속 하나의 구성원, 그리고 다름을 찾아낸 친한 창의적인 친구로 이루어진 자신의 구체적인 특수성 속에서 동시에 인식된 것이다. 조슈아는 그 자신의 차이를 스스로 만들어 낸 것이다.

마찬가지로 유아교육기관이 어떠한 곳인가 하는 문제는 조슈아를 포함하여 그 구성원이 구체적이고 인식 가능한 장소로서의 그곳에서 어떻게 활동을 수행해나가는가 하는 데 달려 있다. 아이들 간에, 교사나 부모와 아이들 간에, 성인들 간에, 건물의 물리적 요소와 교실 공간 사이에 내부작용이 일어나든 그렇지 않든 간에, 또는 사고가 전개되든 아니든 간에, 그 공간은 생산의 순간에 존재한다 (Davies & Gannon, 2009).

조슈아의 행위주체성(agency)은 타자들과 함께 수행적 행위에 참여한 데서 발견된다. 그들의 행위는 발현적이고 차이화하는 ~~주체~~들의 다양성에서 이 장소가 열려 있었기 때문에 가능하였다. 그 ~~주체~~들은 이 친숙한 장소**와 함께** 그 속에서 새로운 방식의 이기(being)와 알기(knowing)를 모두 달성해 나갔다. 조슈아는 그의 존재됨이 구체적이고 발현적인 것으로 이해되는 이 같은 맥락에서, 그리고 새로운 사고에 대한 개방성이 그 장소 자체의 가장 주요한 특성이 되는 상황에서 존재하였다.

내부작용적 ~~주체~~가 되어 듣는다는 것은 차이를 가치 있게 만드는 것이다. 이때의 차이는 범주화된 차이가 아니라 발현적이고 차이를 만들어 가거나 생성해 가는 차이이다. 이때의 듣기는 온 감각으로 귀를 기울이는 것이다. 그러한 듣기는 주의를 쏟아 타자에게 열심히 집중해야 가능하며, 사이-내부(in-between)에서 발생한다. 마치 신경과학자처럼 아주 미세한 부분에 집중해야 한다. 다른 것에 귀 기울이는 것, 그것은 거울신경처럼 몸의 신경들이 타자와 그리고 감응하고 있는 아주 미세한 소리와 동작을 잡아내는 작업이다. 귀를 기울인다는 것은 소리의 의미 해독 그 이상의 작업이다. 온몸이 타자를 향하는 것이다. 예를 들어, 입술과 혀는 입 모양을 만들어 소리를 낸다. 입술과 혀는 메시지를 알아내거나 상상할 수 있도록 단어들을 운반하는 통합체인 셈이다. 우리는 거울신경 덕분에 우리 스스로를 알아차리고 고통과 즐거움, 타자의 동작과 소리를 경험할 수 있다. 우리는 친근함과 사회적 공감각(synaesthesia)을 통해 안다. 즉, 타자의 단어들, 울림, 감응을 귀, 입, 눈, 가슴, 내장으로 듣는 것이다(Bradshaw, 2009). 평소에 생각하는 것과 우리가 누구인지를 생각하는 것은 별개가 아니다.

이 장에서 마지막으로 소개하는 이야기는 3살 된 클레멘타인과 엄마인 클라우디아의 일화다. 어느 날 아침, 클라우디아와 나는 카페에서 담소를 나누고 있었다. 나는 클라우디아의 고통에 비추어, 그리고 엄마에게 큰 소리로 야단맞았을 때 느꼈을 클레멘타인의 고통에 비추어 나 자신을 바라보게 되었다. 아래는 그날을 기억해서 내가 쓴 글이다.

> 클라우디아는 무언가에 빠져 정신이 없었고, 그때 클레멘타인은 클라우디아가 하지 말라고 한 일을 하고 있었다. 그녀는 아이에게 큰소리로 야단을 쳤다. 클레멘타인은 몸을 돌려 손으로 귀를 막고는 바닥을 내려다보며 중얼거렸다. "엄만 요즘 자꾸 저래. 나한테는 소리치지 말라고 하면서. 저렇게 하는 것은 아이들을 소리치게 놔두는 것보다 더 나쁜 거야. 어른을 성가시게 하는 건 별로지. 소리치는 것이 성가시고 나쁜 행동이긴 하지만…." 나는 클라우디아와 우리 사회에서 아이를 키우는 일이 얼마나 힘든지에 대해 이야기를 나누었고, 클레멘타인이 우리 집에 와서 그림을 그리면 좋겠다고 그녀에게 제안하였다.
>
> 평소 클레멘타인은 승강기 안에서 4층 버튼을 누르고 싶어 했다. 승강기에 탔을 때 나는 클라우디아와의 대화를 떠올리며 아이에게 물었다. "요즘 엄마가 자꾸 화를 내시니?" 그러자 아이는 카페에서처럼 손으로 귀를 막고는 물러서서 중얼거리기 시작했다. 나는 다시 물었다. "엄마 이야기를 듣지 않으려고 그렇게 하는 거니?"
>
> "네." 아이는 순순히 답했다.
>
> "엄마가 왜 화내는지 아니?"
>
> "아니요."
>
> "네가 엄마를 화나게 했기 때문이란 걸 아니?"
>
> 아이는 나를 쳐다보며 조금 놀랐다는 듯이 말했다. "아니요."
>
> "네가 엄마가 화내지 않도록 할 수 있는데, 그걸 아니? 네가 어떻게 하는가에 따라 엄마 기분이 달라질 수 있단다. 넌 엄마를 기쁘게 할 수도 있고 속상하고 슬프게 할 수도 있어." 그 사이 우리는 4층에 도착했다.
>
> 내 방 앞에 서서 클레멘타인은 방의 번호를 손으로 가리켰다. 늘 그랬듯이 "2, 0은 20. 브로니의 집." 우리는 집으로 들어갔고, 그림 그리기에 집중했다. 며칠 뒤 클라우디아는 다시 클레멘타인에게 큰소리로 야단치게 되었는데, 그때 클레멘타인이 자신의 손을 잡고 손등에 입을

> 맞추었다는 이야기를 내게 들려주었다. 클레멘타인의 따뜻한 표정과 갑작스런 행동에 그녀는 화가 완전히 풀렸다고 했다. 우리는 클레멘타인의 듣는 능력에 그리고 그토록 창의적인 방식으로 복잡한 지식을 삶에서 실천하는 능력에 감탄했다.

클라우디아는 화난 엄마로, 클레멘타인은 버릇없는 아이로 위치하는 이러한 패턴이 반복됨으로써 그들은 고통을 겪고 있었다. 아이의 행동을 바꾸기 위해 클라우디아가 택한 전략은 개별화된 정체성으로서의 클레멘타인에게 호소하는 것이었다. 아마도 클라우디아는 자신을 이상적인 주체와 비교하면서 자신을 부족하다고 판단했을 것이고, 다르게 행동하고자 하는 욕망이 그런 방식으로 나타났을 것이다. 귀 기울이기에 관해 다시 생각해 봄으로써 나는 또 다른 가능성을 볼 수 있었다. 즉 클레멘타인이 창조적으로 진화하고 있는 ~~주체~~가, 일상의 사고에 맞설 수 있는 ~~주체~~가, 그리고 사고를 확장하여 엄마와의 관계를 새롭게 만들어 낼 수 있는 ~~주체~~가 될 가능성을 볼 수 있었다.

(결론 아닌) 결론 (In)conclusion

이 장에서 나는 정체성으로서의 자아와 내부작용적 되기인 ~~주체~~ 간의 회절적 놀이로 Bergson이 말한 상승선과 하강선들을 확장시켰다. 나는 정체성으로서의 자아를 단수이며 의지로, 그리고 내부작용적 되기로서의 ~~주체~~를 단수이자 복수이며 새로운 사고에 대한 개방성으로 정의하였다. 나는 이 두 가지 존재의 방식이 각각 창조적인 긴장 상태에 놓여 있다고 주장한다. 무언가가 되기 위해, 차이를 향해 열려 있기 위해, 차이를 만들어 내는 데 참여하기 위해 내부작용적 되기인 ~~주체~~는 정체성으로서의 자아와 붙잡고 싸워야 한다. 앞서 살펴본 일화에서, 트라이앵글 연주를 하던 한 아이는 또래 친구들의 거친 실험을 싫어했다. 그러나 친구들의 연주를 보고 들으면서 그 아이는 트라이앵글의 소리 내는 법을 배우게 되었고, 교사와 피아노, 트라이앵글과 함께 탈주선에 오를 수 있었다. 조슈아의 이야기 또한 그 아이가 단수이자 동시에 복수가 되는 방식을 보여 준다. 즉 학급의 친구들, 교사와 엄마, 유아학교에 있는 익숙한 선들 속에서의 발현적인 관계를 드러내는 한편, 그 자신이 새로운 탈주선을 발명해 내고 친구도 탈주선에 참여시키는 것을 보여 준다. 그리고 클레멘타인의 이야기를 통해 우리는 화난 엄마와 버릇없는 아이가 반복되는 하강선, 아무도 타자의 이야기를 들으려고 하지 않는 그런 하강선에서 겪는 고통을 읽을 수 있었다. 그리고 홈들로부터의 발현, 새로운 사고의 펼침, 서로를 듣는 새로운 방식의 열림, 서로의 관계 속에서 존재하는 새로운 방식을 볼 수 있었다.

다음 장에서 Trollet 유아학교의 두 소년 이야기를 소개할 것이다. 나는 화(anger)에 대한 아이들의 회절적 경험을 선불교(仙佛敎)의 관점과 연결지었다. 그것은 Deleuze의 사유와 교차하는 내용이기도 하다. 무언가 잘못되어 갈 때, 즉 모두가 예측 가능하고 안전하게 움직일 수 있는 그런 일상의 선이 더 이상 작동하지 않을 때, 스스로 듣고자 하는 새로운 사고의 출현이라는 탈주선이 비로소 가능해진다(Readings, 1996).

CHAPTER 4

어린이의 내부작용에서 드러난 화 읽기

Reading anger in early childhood intra-actions

갈등은 하강선(lines of descent)을 견고하게 만들어서 당사자에 대한 통제를 강화함으로써 이를 기존의 파인 홈들(striations) 안으로 끼워 넣게 한다. 또한 갈등은 우리가 당연하게 여겨온 사고와 존재의 방식에 대해 의문을 품게 할 수도 있다. 이 장에서는 Trollet 유아학교에 거주하는 4살 난 남자아이 두 명이 2주간에 걸쳐 경험한 갈등 사태를 다룬다. Trollet 유아학교는 아주 평화로운 곳으로 누군가가 화를 내는 순간을 보는 경우는 아주 드물었다. 그래서 조나단과 톰 사이에서 표출된 화는 나의 이목을 끌었으며, 그 덕분에 아이들의 화에 대한 내 생각을 확장시켜서 귀 기울여 듣는 능력을 키울 방법을 찾게 되었다. 아이들에게 화는 고통스러운 것이었고 나에게도 영향을 미쳤다. 아이들의 화는 개인의 몸에 한정된 것이 아니라 아이들 사이-내부에 흐르고 있었으며 우리 모두에게 영향을 미쳤다.

지속적인 관찰을 통해 두 아동 사이에서 표출된 화를 회절적으로 생각할 수 있는 공간을 열어, 화의 체현적 현상들과 그것의 인식론적 요소와 윤리성에 대하여 분석하고자 한다.

조나단과 톰 Jonathan and Tom

유아학교의 새 학기가 시작되었다. 조나단은 유아학교가 처음이다. 조나단은 주말마다 함께 축구하며 놀았기 때문에 다른 5살 난 남자아이들을 알고 있었다. 이들은 태어난 이후로 쭉 이 유아학교에 같이 다니고 있고 서로를 지지해 주는 아주 단단한 그룹을 형성하고 있었다.

> 월요일. 야외 놀이. 조나단의 등교 첫째 날. 조나단은 톰의 그룹에 합류하여 자그마한 경기장에서 밴디(bandy)[5] 게임을 하고 있었다. 거기에는 5살 난 남자아이 넷이 참여하고 있었다. 아이들은 완전히 게임에 빠져 있었다. 게임은 무질서해 보이나, 각자는 최선을 다하는 것 같았다. 공과 밴디 스틱이 높이, 빠르게, 거칠게 움직이고, 공이 벽에 '탁' 부딪칠 때마다 그 공을 친 아이는 "조!"라고 크게 소리쳤다. 공을 서로 빼앗으려 할 때 종종 공이 아이들의 몸에 부딪히곤 하였으나 별로 개의치 않는 것처럼 보였다. 갑자기 톰이 게임을 그만두었다. 낙심한 채 천천히 관람석 층계로 걸어가고 있는데, 공이 톰의 발목에 부딪쳤다. 톰은 아무 말도 하지 않은 채 공을 쏘아보았다. 그리고 층계에 앉아 게임을 지켜본다.

아이들이 같이 놀다가 기분 나빠지면 잠시 빠져 있다가 놀이에 다시 참여하는 것은 드문 일이 아니다. 한 명이 놀이를 그만두면 다른 아이들도 같이 그만두는 일도 흔히 있는 일이다. 톰이 공을 쏘아보며 언짢은 표정을 한 것은 여러 아이들 중 누군가에게 화가 나 있음을 분명히 보여 준다. 게임은 톰이 빠진 채로 계속 진행되었다. 엄청난 흥분과 위험감이 공존해 있었다. 톰은 언짢은 표정과 함께 스스로를 게임을 즐기고 있는 그룹에서 배제시켜 버렸다.

---

5) 밴디(bandy)는 스웨덴에서 인기 있는 게임이다. 아이스하키와 다소 비슷한 방식이지만, 포장된 공터에서 주로 아이들이 즐기는 놀이이다.

> 갑자기 조나단이 중단을 선언하자 게임이 끝났다. 아이들은 원 모양으로 빙 둘러섰고, 조나단은 자신의 밴디 스틱을 높이 던졌다. 밴디 스틱은 그의 뒤로 멀리 경기장 밖으로 떨어졌다. 어느 교사도 이를 보지 못했고, 따라서 어떤 질책도 없었다. 조나단이 오스발드의 이름을 부르며 뛰어나가자, 아이들도 그 뒤를 따라 떼지어 나갔다. 아이들은 모래상자가 있는 곳으로 향했고, 그곳은 공룡과 사자와 호랑이로 가득 차 있었다. 이제 톰도 게임에 다시 참여하는 것처럼 보였다. 하지만 상당히 긴 말을 주고받은 후에, 톰은 조용히 근처에 있는 요새로 자리를 옮겨 멀찍이 서서 지켜보며 혼자 놀고 있었다.

이 날은 조나단이 유아학교에 온 첫날에 불과했지만, 아이들은 신입생인 조나단을 매력적인 핵심인물로 여기는 움직임을 보였다. 스틱을 던진 행위는 위험할 수 있고 또 선생님께 야단맞을 수 있는 일이었지만 (아마도 그렇기 때문에), 아이들에게 영웅적으로 보였고 또한 밴디 게임에서 그의 탁월함을 보여 주는 신호로 읽혀졌다. 위험을 감수하는 행동은 지배적인 남성성을 드러내고 남자아이들에게 놀이의 흥을 한껏 돋우는 데 있어서 필수적인 요소였다. 남자아이들은 게임할 때 공이나 스틱에 맞을 수 있는 위험을 감수했고, 조나단은 스틱을 던졌을 때 교사의 눈 밖에 날지도 모를 위험을 감수했다. 톰은 한때는 그룹의 리더였지만 그 지위를 잃어버렸고 적어도 당분간은 조나단의 주변을 맴도는 무리에 머무를 수밖에 없었다. 잠시 톰은 그룹에서 빠져나와 못마땅한 듯 지켜봤다.

조나단 주변에 흐르는 강도와 흥분을 뚜렷이 느낄 수 있었다. 아이들은 조나단의 주변에 몰려들고 그를 따랐다. 톰은 친구들과의 관계가 끊어지자 난파선의 부유물처럼 버려졌다. 톰은 한때 그룹 내의 활력소였으나 이제는 소외되었기에 화가 났다. 하지만 여전히 이전에 관계 맺던 유형들을 다시 만들어 내려고 노력하고 있었다.

톰은 모래상자에서 놀고 있는 아이들에게 가까이 다가갔다. 이전에 조나단이 경기장에서 모래상자로 이동할 때 했던 것처럼 톰은 오스발드의 이름을 부르며 뛰쳐나갔다. 아이들은 그의 말을 못 들은 것처럼 모래상자에 그대로 있었다. 톰은 한 번 더 시도했지만 아이들은 또다시 무시했다. 그때 조나단이 반대쪽에서 작은 장난감 집으로 이동하려 하자 아이들은 그 뒤를 따랐다. 아이들은 공룡을 가지고 갔고, 톰도 같이 갔다. (야외에 조리할 수 있는 공간과 구덩이를 팔 수 있는 공간을 갖춘 두 개의 장난감 집이 인접해 있었다.) 조나단과 오스발드와 켄트는 안에 들어갔다. 톰은 바깥에서 요리를 했다. 오스발드는 밖으로 나와 지붕에 (페인트용 붓과 물로) 페인트칠을 했다. 다른 두 명은 안에서 얘기를 하며 집안에서의 역할을 정하고 있었다. 갑자기 조나단이 톰과 모든 아이들을 이끌고 숲으로 달려갔다. 잠시 후 아이들은 아주 신이 나서 떼를 지어 장난감 집으로 돌아왔다. 얼핏 보기에 어떤 생물(거미?)이 천정에 있었고, 아이들은 그것을 향해 냄비와 공룡인형 같은 물건들을 던졌다. 선생님이 개입하여 아이들에게 던지지 말라고 말했다. 위험은 사라진 듯 보였다. 세 명의 아이들은 앉아서 얘기했고, 오스발드는 지붕에 페인트칠을 계속했다. 조나단이 얘기를 주도하는 것처럼 보였다. 오스발드는 아버지 역할을 맡았다. 조나단을 72세의 할아버지 역할, 조나단의 '형' 톰은 0살의 아기 역할을 맡았다. 아기 역할의 톰에게는 가만히 있는 것 말고는 아무런 역할이 없었다. 이것은 반복되었다. 오스발드는 페인트칠을 그만두고 페인트 통을 채웠다. 톰이 밖으로 나와 오스발드의 붓을 들고 페인트칠을 시작했다. 오스발드는 이를 저지하지 않고 페인트 통을 채웠다. 붓을 사용하는 데 뛰어난 재주를 보인 오스발드와는 대조적으로 톰은 상당히 서툴렀다. 켄트가 밖으로 나와 톰에게 0살이기 때문에 페인트칠을 해서는 안 된다고 말하자, 톰은 나이 많은 형이 되고 싶다고 말했다. 하지만 오스발드는 붓을 내던지며 페인트칠하는 것은 따분하다고 말했다. 잠시 후 오스발드는 다시 페인트칠을 시작했다. 이 시점에서 아이들은 나와 통역을 해 주던 선생님에게 자리를 비켜줄 것을 요청했고, 우리는 아이들의 관찰받지 않을 권리를 존중해 자리를 떠났다.

아이들의 놀이는 이어졌고 확실히 남자아이들은 계속 톰을 무시했다(Sønder-gaard, 2012). 톰은 토라진 상태와 사랑받고 존경받던 익숙한 자리를 되찾고자 애쓰는 상황을 왔다 갔다 했다. 하지만 톰은 더욱 더 비참한 상태가 된 것 같았다. 톰의 의지와는 반대로 아기와 같은 쓸모없는 역할을 부여받았다.

Søndergaard는 사회적 배제불안(social exclusion anxiety) 현상을 집단 따돌림(bullying)을 당하는 어린이의 주요 특징으로 본다. 사회적 배제불안은

> 존재적으로 사회적 배태(胚胎)(social embeddedness)에 의존하는 인간의 사회심리학적 개념에 기초해 있다. … 이런 사실은 [집단 따돌림 분석에서] 사회적 배태가 위태해지고 공동체의 일원이 되려는 희망과 열망이 사라질 위기에 처했을 때 느끼는 불안에 초점을 맞출 때 두드러진다.
>
> (Søndergaard, 2012: 5)

아이들은 거칠고 격렬한 놀이를 하면서 화를 내고 금방 화해하기를 반복하기에 이 순간 톰이 느끼는 비참함은 그다지 해를 끼치지 않을 것처럼 보였다. 교사들은 놀랐다기보다는 흥미로워하는 듯 보였다. 조나단의 엄마는 스웨덴 정부의 후원으로 휴가를 내고, 조나단이 새로운 학교에 적응하는 걸 돕기 위해 유아학교에 와서 아들을 지켜보고 있었다. 이제 막 새로 입학한 아이치고 놀랍게도 모든 일에서 중심이 되고 있다고 설명하자, 조나단의 엄마는 놀란 표정이었다. 조나단의 엄마는 아이들의 놀이에 별 흥미를 느끼지 못하는 것 같았다.

하지만 톰이 느끼는 비참함은 참을 수 없는 정도에 이른 것 같았다. 조나단만 톰에게 굴욕감을 준 것이 아니라, 지금까지 톰을 지지했던 친구들도 마찬가지였다. 제3장의 조슈아처럼 톰과 그의 친구들은 내부작용적으로 아이들의 현재와 미래 가능성을 성취할 공동의 공간을 가꾸어 왔었다. 톰은 실행 가능한 성공적인 삶을 친구들과의 연대에 의지해왔다(Butler, 2004). 하지만 그 연대는 마치 제1장에서 암벽 타기를 하던 2명의 어린 남자아이와 1명의 여

자아이의 연대가 와해되었던 것처럼 이러한 우연한 내부작용을 거치면서 와해되고 있었다.

톰이 조나단을 빛나는 핵심인물로 인정하지 않았기 때문에 조나단과 공동으로 친구 되기라는 새롭고 신나는 순간에 모두 함께 참여하는 연대가 힘들어졌을 수 있다. 조나단과 친구가 되고 싶고, 또 그와 내부작용하여 조나단처럼 유능하고 빛나는 존재가 되고 싶은 남자아이들은 톰이 화를 내며 한쪽 구석에 침울하게 있는 것을 쉽게 용인할 수 없었다. 왜냐하면 이는 곧 아이들을 조나단에서 떼어놓고 새로 형성된 연대를 깨는 것이기 때문이었다. 교사와 나는 아이들로부터 비켜달라고 하는 바람에 그 이후 무슨 일이 벌어지는지 지켜보지 못했는데, 그것은 남자아이들에게 있어 오랜 연대가 와해된다는 것이 심각한 일임을 시사했다. 관찰자인 우리가 생각한 것보다 훨씬 더 심각한 일이었다.

> 화요일. 야외 놀이. 네 명의 남자아이와 한 여자아이가 무리를 지어 숲으로 달려가고 있다. 기분이 언짢은 톰은 아이들을 따라 뛰어갔지만 상당히 뒤처져 있다. 아이들은 숲을 지나 놀이터 주변을 뛰어다니지만, 톰이 아이들을 따라 잡을 가능성은 전혀 없어 보인다. 무슨 일이 있었는지 잘 모르지만 톰이 아이들의 장난에 걸려든 게 아닌가 하는 느낌이 든다. 톰은 열심히 쫓아가면 아이들을 따라 잡을 수 있다고 믿고 있는 것처럼 보인다. 아이들은 톰이 결코 따라 잡지 못할 것을 아는 듯 의기양양해 하는 표정이다. 톰은 지쳐 보인다. 나는 그가 매우 걱정된다.

톰이 뛰어다니는 것을 지켜보고, 또 톰이 애써 무시하려고 하는 다른 아이들의 의기양양해하는 모습을 보면서 극심한 배제불안을 감지하기 시작했다. 톰이 배제되는 것을 가만히 지켜보는 것은 참 힘든 일이다. 그 문제를 개인화시켜 조나단을 비난하면서 익숙한 하강선에 빠져드는 나 자신을 자제해 본다. 누군가 조나단에게 얘기해줬으면 좋겠다. **여기서 이렇게 행동해서는 안 된다고.** 조나단만 그렇게 행동한 것은 아니지만, 톰의 편에 서서 화가 난 나는 한 개인이 다른 사람이 겪는 고통의 원인이 된다고 비난함으로써 조나단을 비판적인 인물의 범주에 집어넣고 말았다. 나는 아이들이 톰을 잔혹하게 대우하는 것을 그만해 주길 바랐다.

나는 비르짓타 교사에게 무슨 일이 벌어지고 있는지 이야기해야겠다고 마음먹었다. 하지만 바르짓타는 조나단을 비난하지 않고, 레지오 에밀리아의 철학으로 가르치는 교사는 각각의 아이들의 말을 들어주고 특이한 사항을 발견하는 일이 아주 중요하다고 말했다. 그 주에 나는 이 유치원 교사들과 근처에 있는 유치원 교사들을 대상으로 강연을 하고, 또 남자아이들과 있을 때 발생하는 문제와 그것을 알아채고 대응하는 다양한 방법에 대해 이야기를 나눴다. 그 무렵에 깨달은 사실은 그곳 유아학교 교사들은 늘 아이들 개개인의 말을 경청해 준다는 점이다. 특히 조나단이 교사를 바라보고 또 교사의 질문에 답할 때 조나단의 얼굴이 환하게 빛나는 것이 눈에 띄었다. 또한 밴디 스틱을 어깨 높이 이상으로 휘둘러서는 안 된다고 말하며 아이들의 놀이를 통제하려는 교사의 노력도 보였다. 교사는 우두커니 서서 가만히 지켜만 보지 않고, 아이들이 요청할 때에는 끼어들어 팀의 일원으로서 게임하거나 축구와 밴디 게임의 규칙을 잘 지키는지 감독했다. 하지만 "문제"는 계속 발생했다.

> 목요일. 야외 놀이. 조슈아, 오스발드, 톰과 쌍둥이들은 숲에 있는 커다란 바위 위에 있다. 조나단이 여느 때와 같이 아이들에게 다가간다. 조나단은 모자가 달린 감청색 외투를 입고 있었고, 팔이 소매 밖으로 나와 있었는데, 신비로운 영웅처럼 보인다. 아이들 주변 가장자리에 앉는다. 갑자기 조나단이 윌리엄의 아주 근사한 스틱을 빼앗기 위해 몸싸움을 벌인다. 윌리엄이 싸움에서 졌다. 조나단은 민첩하게 커다란 바위에 훌쩍 뛰어올라 가운데를 차지하고, 다른 아이들에게 칼싸움을 제안한다. 윌리엄은 다른 아이들이 볼 수 없는 바위 뒤에 숨어, 멋진 스틱을 뺏긴 것이 속상해서 운다. 잠시 후 눈물을 닦고 다른 스틱을 찾기 시작한다. 조나단은 모든 아이들이 지켜보며 소리치는 가운데 오스발드와 격렬한 칼싸움을 한다. 교사가 와서 말하자 칼싸움은 곧 끝나버린다.

목요일에 관찰을 시작할 때 톰은 그룹의 중심부로 되돌아 왔고 조나단은 바깥쪽에 있었다. 조나단은 평소처럼 모자가 달린 파란색 외투와 멋진 스틱으로 자신의 이미지를 좋게 관리했다. 그의 탁월한 운동 기술은 커다란 바위 위에 뛰어올라 오스발드에게 결투를 신청하는 것으로 증명되었다. 또 다시 놀이는 흥분의 도가니로 빠지면서 위험해졌으며, 모든 남자아이들의 선망의 대상인 영웅적인 남성의 이미지가 동원되었다. 교사들이 그것을 싫어한다는 사실은 전혀 중요치 않았으며, 오히려 그것의 가치와 기쁨을 더욱 배가시켰다. 조나단은 바깥에서 중심부로 재빠르게 이동하는 능력을 통해 남자아이들의 환영을 받을 수 있음을 증명해 보였다.

> 월요일. 야외 놀이. 남자아이들은 축구를 하고 있다. 조나단이 골을 넣고서는 "조!"라고 크게 외친다. 그 다음에 톰이 골을 넣는 순간 갑자기 조나단과 충돌해 팔과 다리가 서로 뒤엉킨 채 넘어진다. 톰은 바닥에 뻗어 있다. 조나단은 축구장에서 도망치다 멈춰 서서 겁먹은 듯 뒤돌아본다. 톰은 일어나 반대 방향으로 뛰어가 떡갈나무 아래 울타리 쪽으로 간다. 마치 유아학교에서 도망치려는 듯 울타리를 넘어가려 한다. 교사가 톰을 부르며 뒤쫓아 간다. 축구 경기는 중단되었다. 교사는 두 아이를 불러 서로 대화해 보도록 한다. 톰은 울기를 멈추지 않는다. 톰이 몹시 화났다. 교사는 톰의 손을 잡고 안으로 데리고 들어간다. 톰은 교사에게 계속해서 자기 얘기를 쏟아놓는다.
>
> 그 후에도 톰은 여전히 화가 난 상태이다. 톰은 조그만 오두막에서 조나단에게 소리 지르고 있다. 교사가 팔로 그를 감싸고 옆에 앉는다. 하지만 톰은 소리 지르는 것을 멈추지 않는다. 톰은 조나단이 축구장에서 고의로 발을 걸어 넘어뜨렸다고 생각해 복수를 계획하고 있는 것 같다.

조나단을 향한 톰의 분노는 우연히 부딪치면서 불붙었다. 교사는 톰을 동정해 그의 말을 들어주었지만, 그의 분노는 그칠 줄을 몰랐다. 충돌은 우연한 사고인 것 같지만, 그 사건은 톰의 눈물과 깊은 침잠(沈潛)(sullen withdrawal)을 성난 격류로 바꿔놓았다. 다른 남자아이들의 공조 없이는 불가능한 일이지만, 조나단은 톰을 비참하게 만드는 데 탁월한 능력을 선보였다. 톰은 남자아이 그룹을 움직이게 하는 예전의 힘을 상실했다. 톰은 더 이상 친구들이 자기를 끼워주지 않을 것이고, 또한 어쩌다 찾아오는 골을 넣는 영광도 사라졌다고 생각했다. 톰은 심각한 상실감을 경험했다. 그는 더 이상 그룹 내 운동의 흐름을 주도하지 못하고, 또 자기를 적대시하는 흐름도 막을 힘이 없었다. 그의 고통은 엄청나게 커서 유아학교에서 벗어나려고 하지만 고통스런 현장으로 되돌아왔다.

조나단은 어떨까? 그는 분명히 비난받고 또 톰을 화나게 한 장본인으로 보일까봐 두려워했을 것이다. 아마 자기를 새로 온 유아학교에서 물의를 일으킨 인물로 보는 것이, 또 남에게 그렇게 보일까봐 두려웠을 것이다. 조나단도 또한 사회적 배제를 두려워했다. Søndergaard(2012)가 설명했듯이, 사회적 배제불안은 배제된 당사자만 경험하는 감정이 아니다. 그것은 모든 사람들이 지속적인 소속(inclusion)을 확실히 할 방법을 찾도록 몰아붙인다. 즉, 사회적 존재로서의 자기의 실존을 확인할 방법을 찾게끔 한다.

남자아이들 모두는 어렴풋이나마 자신이 경멸과 비참함의 대상이 될 수 있다는 사실을 알고 있다. 다시 말해, 이것을 견뎌낼 능력이 그룹 내에서 사회적 배태를 유지하는 것에 달려 있다는 것을 알고 있다. 톰의 경우처럼, 다른 누군가를 배제하는 것은 자신의 생존을 확보하기 위해 시도하는 흔한 방법이다. 하지만 Søndergaard가 지적한 대로 이것은 위험한 전략이다. 왜냐하면 사회적 배제를 많이 할수록, 자기 자신의 배제에 대한 두려움도 한층 더 커지고, 또 배제당할 어느 누군가를 확실히 정하려는 동기 또한 커지기 때문이다. 이것의 원동력은 일반적으로 의식적인 사고 또는 이를 넘어선 영역에 있으며, 주체와 주체들 간의 마주침 사이의 감응적 흐름에 있다.

관찰하는 몇 주 동안 조나단의 지친 모습을 여러 번 목격했다. 그의 입술은 마치 심한 탈수 상태에 빠진 사람처럼 말라 있었고, 수업에도 거의 참여하지 않았다. 두 번째 주가 끝나갈 무렵의 점심시간에, 톰은 어느 정도 지배력을 되찾은 듯 보였다. 톰은 자신의 식탁에 둘러앉은 아이들에게 목덜미를 팔로 감싼 후에 손가락을 입 속에 넣어보라는 놀이를 제안했다.

> 금요일. 점심시간 후, 톰은 놀이터로 통하는 문 근처에 전략적으로 자리를 잡고서 다른 아이들이 나오기를 기다렸다. 적당한 순간에 톰은 아이들에게 목공 일을 하는 곳으로 오라고 하며 뛰어갔다. 따라간 아이들이 두 개의 커다란 통나무에 못을 부지런히 박은 후 다시 못을 빼내기 시작했다. 망치를 지렛대로 사용하지 않고 자신의 몸무게와 힘을 이용해 못을 잡아 당겨 빼내고 있었다. 조나단의 못이 갑자기 빠지는 바람에 뒤로 훌렁 자빠지며 머리를 부딪쳤다. 그 순간 맥이 풀린 조나단은 마치 온 세상이 무너져버린 것처럼 울고 또 울었다. 무엇으로도 아이를 달랠 수 없었다. 교사가 껴안자, 모든 아이들이 있는 데서 계속 훌쩍이며 엄마를 찾았다. 톰과 남자아이들은 슬쩍 눈치를 보며 은근히 걱정했다. 아이들은 못을 박고 빼는 것을 계속하며 조나단이 되돌아오기만을 기다렸다.

이렇게 상세하게 기록하고, 또 토론하고 분석한 분노와 절망의 순간들은 훨씬 더 많은 무엇인가를, 확장된 사고를 요구한다. 즉 "말했을 리 없지만 들려주고자 하는 그 무엇에 귀 기울이려는 노력"인 사고의 확장을 요구한다(Readings, 1996: 165). 톰의 분노는 오로지 톰**만의 것**은 아니었으며, 톰**에서** 비롯된 것도 아니었다. 분노는 톰과 다른 아이들 간의 내부작용에서 존재한다. 즉, 톰이 다른 아이들과 서로 영향을 주고받는 접점에 있다. 톰은 친구들 사이에서 자기의 생존이 위태로워지자 어쩔 줄 몰라 했다. 그것은 톰이 경험할 수밖에 없었던 두려움과 화의 존재론적 파동(wave)인 동시에(and) 인식론적 파동이었다. 톰은 자신의 배제를 조나단 탓으로 돌림으로써 어떤 일이 벌어졌는지 알고 있었다. 톰의 침잠과 분노 표출은 다른 사람과 그들의 감정뿐만 아니라, 그들 자신과 톰에 대한 인식에도 영향을 미쳤다.

그렇다면 윤리적 차원은 어떠한가?

나는 아이들이 조용히 조나단의 절망을 걱정해 주는 것을 보고 깊이 감동을 받았다. 이는 크리스티나 교사가 유아학교의 중앙 광장에서 지난 주에 가르쳤던 요가 수업을 떠오르게 했다. 그곳에서 3살 난 아이들은 요가의 고요한 명상의 세계에 빠져 있었다. 앞서 제3장에서 클레멘타인의 엄마인 클라우디아가 화가 났을 때, 클레멘타인과 엄마의 내부작용을 새로운 방식으로 생각함으로써 극적이고 변형적인 영향을 초래했던 것이 생각났다. 나는 화를 경험하고 이에 반응하는 방법의 하나로 아이들이 마음을 스스로 챙길(mindfulness) 수 있는 가능성이 있는지 궁금해졌다.

화를 다르게 상상하기 Imagining anger differently

『얀의 화(*Anh's Anger*)』(Silver and Krömer, 2009)는 승려 Thich Nhat Hanh에게서 영감을 받은 어린이 도서이다. 이 이야기에서 주인공 소년은 자신의 화를 다스리기 위해 마음챙김을 활용한다.

> 어린 소년 얀은 저녁 먹으라고 재촉하시는 할아버지 때문에 화가 났다. 얀은 할아버지가 아주 밉다고 말하며 소리를 질렀다. 얀은 울면서 홧김에 지금껏 즐겁게 장난감 블록으로 쌓아올린 성을 무너트려버렸다.
> 할아버지는 조용히 말씀하셨다. “얘야, 화났구나. 네 방으로 가서 너의 화와 함께 앉아 있도록 해라. 네가 진정되어 얘기를 나눌 수 있을 때 너한테 가마.” 얀은 자기 방으로 뛰어갔다.
> 얀은 화가 점점 더 많이 나는 것을 느꼈다. 그러자 화는 새빨간 털북숭이 괴물로 나타나 말했다. “결국, 나는 네가 날 알아보기만을 기다리고 있었어.” 얀은 그 괴물이 자기의 화냐고 물어보고, 괴물은 그렇다고 고개를 끄덕였다.
> 얀과 괴물이 얘기를 나누는 동안, 얀은 그의 화가 하는 말과 화의 앞에서 느끼는 감정에 귀 기울여 들었다. 그들은 같이 고함치고 뒹굴고 방바닥을 드럼을 연주하듯 탕탕 치고 마침내 지치자 조용히 명상의 자세로 앉아 숨을 들이쉬고 내쉬며 호흡에 집중했다.
> 괴물이 작아지기 시작했다. 그들은 이제 서로 친구처럼 얘기하게 되

> 었고, 훨씬 더 작아진 새빨간 괴물이 얀에게 미소를 지어 보였다. 그들은 좀 더 호흡을 가다듬었다. 얀의 기분은 조금씩 더 좋아지기 시작했다. 괴물은 사라졌다.
>
> 할아버지가 방문을 똑똑 두드리시고, 그들은 나란히 앉았다. 얀은 할아버지의 팔에 안겨 있었다.
>
> 자신의 화에 귀 기울여 새로운 깨달음을 얻은 얀은 소리 지른 일에 대해 용서를 빌고 나서, 계속해서 놀고 싶었기 때문에 화를 내었다고 그 이유를 말했다. 할아버지는 그의 다정한 말에 고마움을 표한 후에 "네가 화를 잘 보살피니 가버렸구나."라고 말했다. 이 이야기는 할아버지가 어릴 적에 화났었던 자신의 이야기를 들려주는 것으로 마무리된다.

이 이야기에서 "잘 보살핀다."라는 말은 얀이 할아버지의 도움을 받아 "화가 났음"을 알아차리고 신경을 썼음을 의미한다. 그 후에 자신의 화를 인정하고 표현했으며, 그것에 귀 기울이고 마침내 친구로 만들었다. 얀은 자신과 자기의 감정을 판단하거나 묵살하지 않고, 화가 하고 싶어 하는 얘기가 무엇인지 즉, 왜 화가 났는지, 무엇을 원하는지 물어보았다. 얀의 화는 두 가지 단순한 사실을 말해 주고 있다. 얀은 터무니없게도 저녁 먹기 전에 성을 완성하기를 원했고, 무례한 말에 대해 할아버지에게 용서를 빌고 싶어 했다. 주의 깊게 귀를 기울여 듣고 명상을 하자 부정적 강도는 긍정적 강도로 변형되었다. 얀은 할아버지를 향한 분노와 적대감에 사로잡혀 있을 수 있었지만, 자신의 분노와 마주했을 때 귀 기울여 듣고 수용하는 열린 마음을 가짐으로써 곤경에서 빠져나와 새로운 방향 즉, 할아버지와의 만남으로 상황을 바꿀 수 있었다.

지배적인 교육담론에서 화를 내는 아이를 자기 방이나 타임아웃 방으로 보내도록 권하는 것은 정체성으로서의 자아(self-as-identity) 개념을 통해 어린이를 이해하는 관점으로서, 위의 사례와 뚜렷이 대비된다. 지배적인 교육담론에서는 어린이가 반드시 착한 아이가 되기를 **욕망하도록 배워야만** 하는 것으로 알고 있다. 착한 아이의 성품이 이제까지는 자신에게 결여되었던 측면이라는 암묵적 전제 하에, 앞으로는 착한 아이가 될 것을 스스로 원하도록 하는 것이다. 이처럼 인지주의 관점에서 보면, 어린이는 자신이 화를 내는 그 행동이 바람직하지 않음을 알게 될 것이고, 따라서 더 이상 그런 행동을 선택하지 않게 될 것이다. 여하튼 화는 변형되기보다는 개인의 의지라는 합리적인 행위에 의해 소멸될 수 있다고 보는 관점이다(Laws, 2011; Laws & Davies, 2000).

그러나 불교의 관점에서 보면 Thich Nhat Hanh이 설명했듯이 화는 부정적인 에너지이지만 완전히 격퇴하거나 진멸시킬 수는 없다. 귀 기울여 들어줘야 하고 친구로 사귀어야 한다. 그렇게 해서 화는 긍정적인 에너지로 바뀐다. 마치 쓰레기와 퇴비가 꽃밭과 채소밭으로 바뀔 수 있는 것과도 비슷하다. 마음의 변화가 발생할 수 있는 공간을 주기 위해 얀은 침실로 보내졌다. 얀이나 화를 도덕적으로 판단하기 위해서가 아니라, 얀이 자기 자신과 화를 모두 포용할 수 있는 공간을 열기 위해서였다.

이러한 관점에서 보면 분노하는 자아에 대한 연민과 분노 때문에 상처 입은 사람에 대한 연민은 생명을 주는 것이다. 이 관점에서는 비록 화가 연루된 모든 사람에게 유해하지만, 우리 모두는 늘상 분노를 경험하고 산다. 따라서 도덕적 판단은 중요한 문제가 아니다. 그보다는 명상하고 비판하지 않고 동정심을 갖고 경청하는 행위들이 부정적인 에너지를 변화시키고, 또 얀과 그의 할아버지가 서로를 자애로움으로 포용하게 만든다. 얀은 할아버지에게 용서를 빌고, 할아버지는 고마워한다. 이것은 흥미롭게도 비르짓타 교사가 톰의 화에 대하여 경청하는 모습이라든지, 내가 톰의 입장에서 사회적 배제불안으로 살펴보는 시도와 맥을 같이 한다. 무엇이든 귀 기울여 경청해야 한다. 모든 것이 소중하기 때문이다. 명상과 레지오-에밀리아에게서 영감을 받은 훈련법은 흥미롭게도 제1장에서 논한 Deleuze의 윤리학과도 유사하다.

화에 대한 서구의 지배적 관점 속에는 자아와 타자에 대한 이중적인 잣대가 있다. 화는 대개 인간이 갖춰야 하거나 표현해야 할 좋은 감정이 아니다(화를 "쏟아 붓고" 완전히 제거하거나, 또는 성전에서 돈 바꾸는 자들에 대한 그리스도의 화처럼 도덕적 차원에서 보장받고 정당화되지 않는 한 그렇다). 하지만 화에 대한 집착과 분노 속에 거주하는 행위는 고발과 앙갚음, 방어,

또 다른 고발이라는 끝없는 순환으로 이어질 수 있다. 누군가의 적대자는 (아마도 십중팔구는 타자를 적대자로 간주한다) 화가 나게 만드는 나쁜 사람으로 여겨진다. 상처를 입은 화가 난 사람과 화의 원인으로 추정되는 사람 사이에 잘못된 이분법이 형성된다. 성난 사람은 타자를 향한 독선적인 화에 휩싸일 수 있다. 그 화는 상처와 죄, 복수의 이야기로 더욱 더 흥미로워지기 때문에 해소되기 힘들다. 그리고 복수는 Butler가 밝힌 대로 결코 온전히 충족될 수 없다.

> "폭행이 일어났던 것 같아. 그런데 '자기 방어'였기 때문에 정당방위로 인정받을 거야."라고 늘 말하려 할 것이다. 수많은 잔혹행위가 밑도 끝도 없이 '정당방위'라는 이름하에 저질러졌다. 그 명백한 이유는 정당방위로 복수에 대한 도덕적 정당성을 확보했기 때문이다. 이러한 교묘한 책략은 공격성을 고통으로 개명하는 엄청난 수완을 발휘해왔기 때문에, 따라서 그 공격성은 끝없이 정당화된다.
>
> (Butler, 2005, pp. 100–101)

정당방위의 서사(narrative)는 Deleuze가 도덕성이라고 부른 심판의 체제와도 부합하는 면이 있다. 정당방위의 서사는 억제된 것처럼 보이지만 계속 진행 중인 분노를 일으켜 결국 자기 자신과 연루된 타인들에게도 신체적 · 정신적 피해를 줄 수 있다. 이런 서사를 가능케 한 근거는 자아와 타자를 식별가능한 독립체로 제한적으로 이해한 데 있다. 가해자와 피해자를 분명히 가려낼 수 있고, 또 최초의 공격적 행동을 **밝혀낼**(*identified*) 수 있다.

반면에, 윤리학은 내부작용적이며 타자 내면의 미지의 세계에 열려 있다. 즉, 윤리학은 개방적이며 매 순간을 미세하게 주목한다.

> [정의는] 인정과 재인(再認, recognition) … [그리고] 각각의 만남과 각각의 내부작용을 알아채고 열어주는 존재의 꾸준한 행위를 수반하므로, 우리는 대응 능력과 책임감을 가지고 계속해서 정의로운 삶에 대한 새로운 가능성을 일깨우고 생명력을 불어 넣을 수 있다. 세상과 그것의

> 생성가능성은 각각의 만남 속에서 재창조된다. 그렇다면 누가 또는 무엇이 중요한지 결정하는 데 있어서 우리의 역할을 어떻게 이해해야 할까?
> (Barad, 2007: x)

선불교(zen buddist)의 철학과 Deleuze의 사유 사이에는 놀랄 만한 유사성이 있다. 그들이 사용하는 언어는 처음에 언뜻보기에는 서로 반대의 것을 말하는 것처럼 보이지만, 아주 흥미로운 공통점이 있다. 이들 모두는 사유할 수 없는 것을 사유하는 방법과 강제적인 규율이 아닌 스스로 사유하는 필요성에 관심이 있으며, 또한 고정된 단일체로서의 에고(ego)/자아(self)를 해체하고자 한다.

Deleuze의 접근법은 사유할 수 없는 것을 사유하는 방법을 찾음으로써 고정된 장소를 넘어선 운동을 생산하는 것이다. Deleuze는 존재를 설명하려드는 인식론이 아닌, 자동적인 하강선을 해결할 수 있는 생성적인 실천으로서의 개념을 새로 만들었다. Deleuze는 감응(affects)과 지각(percepts)을 이용해 인간 주체를 무엇엔가 묶여 구속된 실체가 아닌 힘 혹은 강도의 교차선으로 보고자 했다. 힘의 교차선에서 **"각각의 생명체 즉, 개인은 세계의 축소판이자 세계 모두와 접속되어 있다."**(Williams, 2003: 23), 이와 유사하게 불교사상도 반복되는 하강선 속에서 우리를 사르잡고 있는 그런 관념들을 불신한다. 불교는 지각과 감응이야 말로 사유할 수 없는 것을 사유하는 방법을 발견하고, 또한 이 세상을 구체적으로 드러내는 현시(manifestation)로서 이 세상 모든 것과 더불어 살아가는 방법을 찾는 수단이라고 강조한다.

Deleuze의 철학이 삶의 속성을 차이화(differentiation)와 상승선(lines of ascent)에서 찾는 것처럼 불교도 우리의 습관적이고 일상적인 사고를 중단하고 에고와 물질적 · 정서적 애착을 버리며, 그에 따른 텅 빔, 즉 **공**(空, *emptiness*) 속에서 우리 자신의 진리를 찾으라고 말한다. 그 진리는 개별화된 진리가 아니다. 정체성으로서의 자아가 그려내는 모든 허상 너머에(또는 허상 이전에) 놓여 있는 것이 우리 모두가 공통으로 지니고 있는 다름 아닌 부처-자아(Buddist-self)임을 발견하게 되기 때문이다. 즉, 우리 모두는 부처-자아를 지니고 있거나 혹은 우리가 곧 부처-자아이다. 진리는 우리로 하여금 필요하다면 지치지 않고 오랜 세월 동안 자기 수양을 쌓게 만들고, 거짓 진리를 쉬이 놓아 버리게끔 한다. 놓아버림으로써 우리는 자아를 비울 수 있다. 이는 우리가 상상한 선(善)(imagined good)을 이루기 위함이 아니라, 우리가 이미 무엇이었던 것을 생성하기 위함이다. "우리는 부처가 되기 위해 도(Zen)를 닦는 것이 아니라, 원래 처음부터 부처였기 때문에 도를 닦는 것이며, 이런 '원초적인 깨달음'이 도를 닦는 삶(Zen life)의 출발점이다."(Watts, 1957: 154).

불교와 Deleuze의 사유는 스스로 경험하고 실험하고, 또 고정된 앎과 존재의 방식에서 벗어난 깨우친 자(knower)의 중요성을 강조한다. 도를 닦는 삶에서 텅 빔(空)과 충만함, 애씀과 포기, 이런 모든 이항들은 서로 반대가 아니라 보충 관계로 이해된다. 이 경우에 어느 것도 다른 하나가 없으면 존재할 수 없다. Watts는 이것을 Eugen Herrigal의 『궁술의 도(*Zen in the Art of Archery*)』(1953)를 인용해 설명한다. 이 책에 따르면 지향성(intentionality)과 자발성(spontaneity)은 아주 밀접하게 연관되어 있다.

> Herrigal은 약 5년 동안 활시위를 놓는 올바른 방법을 찾으려고 노력하였다. 그 방법은 농익은 과일이 저절로 터지듯이 활시위를 '비지향적으로(unintentionally)', 즉 비의도적으로 놓아야 하는 것이다. 그의 문제는 전혀 '노력'하지 않으면서 끈질기게 연습하는 역설을 푸는 것, 또 팽팽한 시위를 의식하지 않고 의도적이지 않으면서도 의도적으로 놓는 것이었다. 그의 스승은 계속해서 노력에 노력을 더하라고 재촉하는 동시에, 노력하지 말라고 주문했다. 그 기술은 화살이 '저절로 날아가지' 않는 한, 또 시위가 위~잉 진동하며 '무심코' 막힘없이 아무렇게나 놓이지 않는 한 익힐 수 없는 것이다. 그렇게 여러 해 연습하며 보낸 후 어느 날 그런 일이 딱 벌어졌다. 하지만 Herrigal은 그 방법과 이유를 결코 알지 못했다.
>
> (Watts, 1957, pp. 195-196)

나는 Deleuze의 난해한 글을 잘 알지도 못하면서도 십여 년이 넘도록 매우 즐겁게 그의 책을 읽고 (가장 최근에는 그와 관련된 책을 쓰고) 있다. Deleuze를 이해하기란 정말 힘들고 시간이 많이 걸리는 일이다. 또 개념들은 몸소 겪어봐야만 제대로 알 수 있다. Herrigal의 화살처럼 문득 이해가 되는 순간이 있다. Deleuze는 우리를 미지의 세계, 아직 상상할 수 없는 세계로 이끈다. 그곳에서는 새로운 것을 받아들이기 위해 망각해야 하고 또 잡고 있던 것을 놓아버려야 한다.

선불교와 Deleuze의 철학은 주체가 어리석은 습관적 · 반복적인 인용을 넘어서 불교에서 말하는 명상과 Deleuze가 말하는 사유 또는 탈주선을 향해 나가기를 바란다. 불교는 관념과 진부한 반복으로 가득 찬 것, 또 권위주의적인 지식을 무조건 따르는 것을 '어리석음'으로 본다. 불교에서 말하는 명상은 관념과 권위를 버리고, **또한** 불교 수행과 관련된 규율과 불경과 경전(gathas)을 통해 반복적으로 몸이 터득한 지식을 믿는 것을 포함한다. Deleuze도 이와 비슷하게 어리석은 습관적 인용을 정체(停滯, stasis)에 대한 환영과 "안전지대(safe plot of land)"를 만들어 내는 것으로 간주한다(Davies & Gannon, 2009). 바로 그 안전지대로부터 우리는 새로운 탈주선을 그으며 도약하는 것이다. Deleuze는 이런 탈주 즉, 그가 생성한 관념에 의해 촉진된 탈주를 발현적 또는 내재적인 것으로 보았다. 탈주는 발명하는 일뿐만 아니라 이전에 행하던 것으로부터의 떠남도 포함한다. 창조적으로 Deleuze적 주체 즉, 미지의 것에 열려 있는 주체를 발달시키는 것은 새로운 사유가 일어나는 장소이며, 그러한 사유는 새로운 존재의 방식을 생성하는 힘을 가지고 있다.

Deleuze는 자아(self) 즉, 애초에 주체로, 혹은 분리되거나 유한한 질료(matter)로 재현한 개념인 자아가 인간이란 무엇인가에 대한 인식을 오도한 잘못된 방법이라고 주장한다. Deleuze는 인간 주체를 질료와 힘이 분리될 수 없는 힘의 교차선으로 이루어진 운동으로 보고자 하였다. 그에 따르면, 자아를 독립된 유한한 주체로 상상할 때 발생하는 문제점은 논리와 언어의 요구조건에 적합하게 자신을 형태 짓게 되므로 자아의 내적 삶(internal life)에 불필요한 한계를 설정하게 된다는 점이다. 안정된 주체로 상상된 자아는 저항하는 데 아주 많은 노력이 필요한 것일 수 있다. 왜냐하면 그 투쟁은 논리와 언어뿐만 아니라, 그 논리와 언어 안에 이미 익숙하게 갇혀버린 다른 사람들에 대해서도 대항하는 것이기 때문이다.

Thich Nhat Hanh은 불교 승려가 되었을 때를 회고한 글에서 이와 같은 갈등이 그를 만류했던 사랑하는 사람들과의 사이에 있었음을 기술했다.

> 살기 위해 우리는 매 순간 죽어야 한다. 우리는 삶을 가능케 하는 폭풍우 속에서 반드시 소멸하고 또 소멸해야 한다. 만약 모든 이들이 나를 타인(그들)의 생각대로 바라본다면, 차라리 그러는 편이 좋겠다고 생각한다. 나는 하나의 인간일 수 없으며, 동시에 사랑과 증오, 짜증, 헌신의 변함없는 대상일 수 없다. 나는 계속해서 성장해야만 한다. … 나는 방금 깨고 나온 껍질 속으로 다시 되돌아갈 수 없다. 이것이 내가 느끼는 절대 고독의 근원이다.
>
> (1998: 87)

이러한 습관적 실천과 새로운 무엇의 자발적인 출현 사이의 갈등은 불교와 Deleuze의 사고와 실천에서 반복되는 주제이다. 불교 수행자들은 권위자의 설법을 포함한 의식과 절차에 참여하고 있지만, 부처-자아는 자발적이며 비-자의식적이다. 그것은 "생각해낼 수 없는 독창성과 또한 인간의 자발적인 타고난 기능의 창조력, 즉, 틀에 박힌 방법과 테크닉으로 터득하려고 할 때 차단되고 마는 능력"에서 나온다(Watts, 1957: 26). 그 테크닉은 경험으로써가 아닌 오직 도구로써만 사용할 수 있을 뿐이다. 우리는 반드시 삶으로써 활기차게 실험해야 하며, 단순히 이미 알려진 길을 따라가기만 해서는 안 된다. 불교 수행은 Herrigal이 활과 화살을 가지고 오랜 세월 연습한 것처럼 자발적인 비-자의식적 화살의 날아감, 즉 부처-자아 경험에 도달할 수도 있고 도달하지 못할 수도 있다.

Deleuze는 이와 같은 변화를 자기와 타자에 대한 비-판단적인 개방성으로 보았다. 타자를 윤리적으로 대하기 위해 간단히 "이것이란 건 뭐죠?(What is it to be this?)"라고 묻는다. 이 순간, 당신이 가정하는 '바로-이것임(just-thisness)'은 무엇인가?

> 당신은 자신에게 '어떻게 저게 가능하지?'라고 묻는다. 어떻게 이것이 내적으로 가능하지? 다시 말해, 당신은 사물 또는 말을 그것이 암시하거나 그 자체에 감춰진 존재의 양식에 연결시킨다. 그렇게 말하려면 어떠한 상태여야 할까? 이것은 어떠한 대존재 방식을 암시하는 걸까? 당신은 초월적인 가치가 아닌 이미 그 무엇으로 포장되어 있는 존재의 양식을 찾는다.
>
> (Deleuze, 1980: np)

Thich Nhat Hanh도 이와 비슷한 의견을 피력했다. 즉, "타인(그들)과 하나가 되지 않고, 또 타인(그들)의 입장이 되어 보지 않고 겉모습만 보고 판단한다면 결코 타인(그들)을 이해할 수 없을 것이다(2010: 32)."

Deleuze와 불교 사상에 있어서 자기와 타자 안에 있는 세계를 보는 능력을 폐쇄한 것은 바로 에고 혹은 실체로서의 자아(self-as-entity)로 자기를 구축한 데 있다. 이로 인하여 우리는 범주화된 차이와 고정불변의 환상 속에 갇히게 된다. Deleuze의 개념에서 그 무엇이 고정불변한다는 것은 이미 존재하는 파인 홈을 통해 통제하고 방향을 제시하고자 하는 것이다. 고정불변함은 개인을 보다 용이하게 지배(즉, 도덕과 자기생존을 명분으로 행해지는 스스로의 자기 지배, 특정 명령으로 행해지는 타자 지배)하기 위하여 개개인이 제한된 궤도 내에서만 움직일 것을 강요한다. 에고로서의 자기 존재의 물질적/추론적인 습관은 제한적이지만 여전히 포기하기 힘든 습성이다. Deleuze는 철학적 전쟁, 즉 자기와 자기에 저항하거나 자기 안의 지배적인 힘과 그 힘에 저항하는 싸움 없는 전쟁에 대해 말한다. "철학은 존재하는 힘들과 싸울 수 없지만 싸움 없는 전쟁, 즉 그 힘들에 저항하는 게릴라 운동을 벌이고 있다." 그 힘들은 외부적인 것만은 아니며 우리 모두에게 침투하기 때문에, 철학은 우리 자신과의 끊임없는 협상과 자신에 저항하는 게릴라 운동을 벌이도록 우리를 내몬다(Deleuze, 1995: np).

이와 비슷하게 Thich Nhat Hanh은 우리가 우리에게 침투하는 생각과 실천에 의해 지배받는 가운데서 우리 스스로를 붙드는 게릴라 운동에 대한 글을 썼다. Thich Nhat Hanh은 그것들을 내버려두는 방법, 그것들 없이 또는 그것들을 마주하며 사는 법을 찾는 데에 관심이 있다. 그의 가르침에 따르면 "우리가 우리의 습관적이고도 고질적인 사고방식, 일상생활에서 형성된 오랜 습관을 흩어버리고 없애는 데 유용한 도구"이다(2010: 55). 그의 게릴라 운동은 사랑을 근간으로 한다. 적이 자신의 밖에 또는 자신 안에 있든지, 적을 알고 극복하기 위해서는 적을 사랑해야만 한다. 성급히 판단해서는 안 되며 세심한 연민이 어린 앎의 자세를 취하라. 그러면 적이 자신과 그리 다르지 않음이 분명해진다. 자신을 향한 연민은 Thich Nhat Hanh 명상의 본질이다. 예를 들어, 우리 자신의 화를 다스리기 위해 그것을 옛 친구 또는 아기처럼 보살펴야 할지도 모른다.

> 명상은 [화를] 어루만지고, 인지하고, 받아들이고, 포용하는 것이다. 그것은 애써 싸우거나 억누르지 않는다. 명상의 역할은 엄마처럼 고통스러워하는 아이를 보듬고 달래는 것이다. 당신 안의 화는 당신의 아기이고 당신의 아이이다. 당신은 그 화를 세심히 잘 돌봐야 한다. 화를 인지했을 때, 명상을 통해 "안녕, 나의 화야, 너 거기 있는 거 알아. 잘 돌봐줄 테니 걱정하지 마."라고 말한다.
>
> (Thich Nhat Hanh, 2001: 119)

이러한 사랑스럽고 온화하며 유머가 있는 접근법은 똑같이 유지하기 위해 모든 것을 수용하라는 것은 아니다. 존재의 상호의존성 그리고 존재의 모든 측면을 보는 것이 바로 사랑 행위이다. 자기 안의 타자, 타자 안의 자기를 보고, 둘 다를 변화시키는 힘을 가진 새로운 깨달음에 이르게 된다. 명상을 통해 우리는 우리의 존재 방식을 지배하는 어떤 문화 유형들을 고정불변한 것으로 지니게 될 때 우리에게 독이 될 수 있음을 깨닫게 된다. 개별화된 에고는 고정불변한 경직성이 취할 수 있는 한 형태이다.

불교 사상에서 개별화된 에고는 연민과 사랑이 아닌, 판단과 비교, 범주화, 부족함에 대한 두려움 등을 통해서 구축된다. 개인주의는 에고에게 자유를 주는 것처럼 보이지만, 이는 오로지 사랑받고 인정받기 위해서 제거되어야 한다고 판단되는 부정적인 측면들로부터 떨어져 나온 이런저런 사람일 경우에만 가능하다. 따라서 실체로서의 자아, 또는 에고는 Thich Nhat Hanh이 권고한 대로 수용하고 사랑으로 대하기보다는, 자기 안의 부정적인 그 어떤 것을 억누르고 부인하는 성향이 있다.

에고를 고정된 실체로 보는 생각은 불교와 Deleuze 사상이 모두 반대하는 것으로서 그 무엇이 틀림없다는 착각 즉, **이것**이며 **저것**은 절대 아니라는 착각의 성격을 띤 일련의 순간과 사건들에서 나온다. 불교 사상에서,

> 에고는 추상적 관념으로만 존재하는 것으로 기억에서 온 추상적 개념이다. 이는 빙글빙글 도는 횃불에 의해 만들어지는 착시현상인 불의 고리와도 비슷한 면이 있다. 예를 들면, 우리는 새가 하늘을 날아간 경로를 뚜렷하게 그어진 선/홈 파임(distinct line)으로 상상할 수 있다. 하지만 이 선은 위도선(line of latitude) 만큼이나 추상적이다. 실제 현실에서 새는 아무 선도 남기지 않았으며, 이와 유사하게 에고가 추상화된 경로도 완전히 사라져버린다. 따라서 에고에 집착하거나 그것을 행동의 실질적인 근거로 삼으려는 모든 시도는 반드시 실대하게 되어 있다.
>
> (Watts, 1957: 47)

불교와 Deleuze의 사상에서 에고 자아(egoic self)는 소멸된다. 인간 주체는 어느 한 순간이라도 이를 구축하고 있는 힘의 강도(intensities) 혹은 선(lines)에서 쉽사리 분리될 수 없다. 인간과 인간, 인간과 동물, 인간과 사회 사이의 구별은 있을 수 없다. 어느 한순간 어떤 존재를 특징짓는 것은 그 존재를 관류하고 있는 특정한 강도, 즉 어느 순간 다르게 설정되어 다른 존재들을 관류할지도 모를 강도와 힘이다. 존재의 다양한 양상, 그리고 이런 존재의 개념에 의거한 다양한 개인들을 분류하는 범주는 그리 유용하지 않다. Deleuze(1995: 11)에 따르면, "그것은 이런저런 인간임의 문제가 아니라, 신체 기관의 신비를 풀고, 또 신체 각 영역의 강도를 탐색하며, 또 자기만의 고유

한 특정 영역과 거기에 거주하는 그룹과 개체 및 종을 발견하는 문제이다."

이러한 도(zen)와 Deleuze 사상으로 들어가는 관념의 우회로에서 출현한 개념으로 톰과 조나단을 생각해 보면, 톰을 관류하고 있는 것은 두려움과 화의 강도라고 할 수 있다. 그의 두려움과 사회적 배제불안의 강도는 다른 아이들을 관류하는 강도이기도 하다. 아이들은 똑같은 강도에 의해 형성된 존재들이며, 톰은 자신과 조나단이 서로 대적하게끔 갈라놓은 화와 자신에 대해 생각하는 방식에 구속되어 있다. 톰은 처음부터 문제점, 즉 슬픔의 원인을 조나단에게서 찾았다. 톰은 슬픔의 원인에서 자신을 배제하고, 다른 아이의 탓으로 돌렸다.

하지만 톰이 처음 밴디 경기장에서 걸어 나왔을 때 오래된 친숙한 친구처럼 그의 화와 내부작용을 할 수 있었으면 어땠을까? 자기와 자신의 화를 신뢰하여 "안녕, 내 오랜 친구, 내가 널 잘 보살펴 줄게(Thich Nhat Hanh, 2001)."라고 말할 수 있었더라면? 그 두려움과 격분의 강도에 대해 어떻게 말해야 할지 자신의 화에게 물어볼 수 있었더라면? 놀이터에서 그가 분노했음을 알리고, 그것에 대해 말하고, 또 경청하기 위해 어떤 전략을 동원할 수 있었을까? 층계에 앉아 마음 모으는 호흡을 할 수 있었더라면? 바깥에서 안으로 진입하기 위해 도움이 필요한 신입생 조나단을 연민의 정으로 바라볼 수 있었더라면? 혹은, 자신의 화에 귀 기울였다면 교사의 도움과 주의가 필요한 엄청나게 잘못된 일이 그룹 내에서 벌어지고 있음을 알아차릴 수도 있지 않았을까?

그리고 조나단은 어떠한가? 그는 이 새로운 남자아이들 그룹에서 중심 자리를 차지하여 내부작용적으로 흥미진진한 드라마에 사로잡혀 있었다. 이전 유치원에서와는 다르게 조나단이 잘하는 모든 체육 경기에 맘껏 참여할 수 있었다. 동시에 조나단은 지치고 두려웠다. 새 유치원에서 사회적 배제에 대한 불안을 첫 2주 동안 강렬하게 경험했을 것이고, 또한 톰의 반대와 화가 그 불안을 더욱 가중시켰을 것이다. 아이들과의 신나는 몰입은 화가 난 톰의 탈퇴와 이따금씩 듣는 교사의 꾸지람으로 인해 방해를 받았다. 조나단은 톰을 배제시키고 쫓아버리는 방법으로 자기를 둘러 싼 내부작용의 흐름을 조절했다. 조나단은 스포츠와 상상놀이에 아주 뛰어났기 때문에 그의 불안을 알아보기 힘들었다. 하얗게 마른 입술, 수업 시간에 침묵하기 등등, 처음에는 불안의 징후가 미미했지만, 마침내 그런 징후는 그가 슬픔에 잠겨 흐느껴 우는 행위로 아주 확연하게 드러났다.

(결론 아닌) 결론 (In)conclusion

이제 드러난 문제는 누구를 탓할 것이냐가 아니라, 누가, 그리고 무엇이 중요하냐이다. 지금까지 유아학교 어린이의 화에 대한 존재론과 인식론, 윤리학의 교차점을 살펴보고 나니, 이제는 톰과 조나단이, 사회적 배제불안이 아닌 우리 모두가 공유하고 있는 사회적 정의에 힘입어 서로를 연민의 정으로 바라보기 위해서는 과연 어떠한 개념과 구체적 지식이 필요한지 궁금해진다. Barad(2007: x)에 따르면, 사회 정의는 본질적으로 "각각의 내부작용에 열려있고 내부작용에 존재하며" 또한 "그렇다면 누가, 그리고 무엇이 중요한지 결정하는 데 있어 우리의 역할은 무엇일까?"라고 의문을 던지는 식의 실천을 지속하는 데 핵심이 있다. 이것이 과연 어린이들이 놀이터에서 끊임없이 존재의 발현적 가능성을 탐색할 때 이루어지는 어릴 때 습득할 수 있는 윤리적 책임감일까? 조나단이 울고 있었을 때 판단하지 않고 조용히 걱정해 주었던 남자아이들의 얼굴에서, 나는 아이들이 윤리적 책임감을 배워나갈 수 있으리라 생각했다. 이것이 바로 이 연구가 탈주선을 전개해나감에 따라 이러한 회절적인 분석이 비상할 수 있는 최적의 방향이다.

나는 화에 대한 사유의 끝까지 간 끝에, 초기에 두 남자아이의 화를 평소의 습관적인 사고방식으로 해석하던 데에서 나아가 보다 윤리적인 차원에서 그들의 분노를 보는 쪽으로 이동해갈 수 있었다. 그리고 Deleuze와 Thich Nhat Hanh의 관점에서 '이것이라고 하는 건 무엇인가?', 또한 '이것이라고 하는 그것은 어떻게 작용하는가?'에 대해서도 의문을 가지기 시작했다. 일련의 회절적인 움직임을 보이는 아이들에게 귀 기울이며, 그들이 놀이터에서 서로 내부작용을 할 때 무엇을 할 수 있는 상태로 유능해지는지 새로운 의문이 떠올랐다. 아이들은 자기를, 또 서로를 판단하지 않고 비판이 아닌 연민으로 바라보는 법을 배울 수 있을까? 교사와, 또 서로 간의 어떤 만남이 이런 가능성을 여는 데 도움이 될까? 아이들은 과연 사회적 배제불안의 감응적 강도가 아이들의 집단적인 몸(collective bodies)을 관류하고 있을 때, 이것을 알아차리고 규범적인 판단과 배제를 되풀이지 않으려 노력하며, 또한 교사와 더불어 공동의 새로운 반복후렴(collective new refrain)을 만들어, 귀 기울여 들어주고 수용하고 생각하는 데에 감응적 몰입을 하는 법을 배울 수 있을까? 아이들은 연민의 정으로 자기, 또 서로의 두려움 및 화에 귀 기울이는 법을 배울 수 있을까? 이러한 학습은 아주 간단히 요가 수업에서 자신의 호흡에 집중하는 법을 배우는 것에서부터 시작할 수 있을 것이다.

다음 장에서는 지난 2년간 클레멘타인과 함께한 예술 활동을 다루고자 한다. 예술 작품을 함께 제작하고 실험하며 우리가 함께한 시간은 일련의 마음챙김 훈련이라 할 수 있을 것이다. 동시에 이것은 내가 이 책에서 전개하고 있는 아이디어들을 일상적으로 실천해 보면서 클레멘타인과 내가 함께 그림 그리며 지내는 동안 무슨 일이 일어났는지 기록한 간단한 실험 작업이기도 하다.

CHAPTER 5

예술 활동에서 감응의 흐름

The affective flows of art-making

> 나는 내가 하고 있는 것들에 늘 조금씩 놀란다.
> 나를 통해 이루어지는 행동을 보면 그 역시 놀랍다.
> 그것은 우연히 변이하고, 변화하며, 때로는 갈라진다.
>
> (Latour, 1999: 281)

클레멘타인이 두 살이 되기 전부터 우리는 그림도 그리고, 색칠도 하고, 함께 이야기도 만들었다. 우리는 예술 활동과 만나면서 각자가 어떻게 되어 감에, 그리고 예술 재료들 또한 우리와 만나면서 무엇으로 되어 감에 끊임없이 놀랐다. Deleuze와 Guattari(1987: 257)가 말했듯이 "몸(body)-사람, 붓, 연필, 물감-이 무엇을 하는지 알 때까지는 그것에 대해 알지 못한다. 다시 말해 그것의 감응(affects)이 무엇이고, 그것들이 어떻게 다른 몸의 감응과 더불어 구성체 안으로 들어가는지 또는 어떻게 못들어가는지를 알 때까지는 그것에 대해 전혀 알지 못한다."

Deleuze에 따르면 감응은 놀랍다. "부분들을 관통하는 힘은 상태를 변화시키고 그 속에서 새로운 것을 창조해낸다(Deleuze, 1997: 127)." 여기서 부분들이란 클레멘타인, 나, 예술 재료들, 우리가 함께 만든 이야기들, 우리가 살고 있는 사회와 장소를 포함한 모든 것이다. Barad에 따르면 우리는 **"뒤엉킨**

개체들의 공동 구성체(*mutural constitution of entangled agencies*)"(Barad, 2007: 33)이다. 우리는 놀랄 만큼 멋진 예술 활동이 펼쳐질 때 발생하는 "기쁨과 소란의 이상한 조합이나 황홀한 기분"(Bennett, 2010: xi)을 만들어 내며 서로 감응을 주고받는다.

클레멘타인과 내가 예술활동을 하면서 만났던 예술 재료들은 우리의 개인적 본질을 표현하기 위한 도구로 사용하는 생명력 없는 물질이 아니었다. 내가 여기서 보여 주고자 하는 것은 우리가 참여했던 예술가 되기의 과정은, 인간**과**(*and*) 비인간의 물질, 그리고 존재론**과**(*and*) 인식론을 포함한 다른 사람의 발현적 되기와 함께 내부작용(intra-action)에서 펼쳐졌다는 것이다.

예술 공간 만들기 Creating an art space

클레멘타인의 첫 번째 **이야기 그리기**(*drawing story*)는 사촌들과 센테니얼 공원에 소풍을 다녀오면서 시작되었다. 소풍을 다녀온 날 클레멘타인의 어머니인 클라우디아는 사야 할 것이 있어 쇼핑을 가야 하니 잊어버리지 않게 알려달라고 부탁했다. 카페에 갔을 때 클레멘타인은 내 반대편 의자에 올라가 앉았고 아기 음료와 머핀을 주문했다. 클레멘타인에게 공원에서 무엇을 하고 놀았는지 물었다. 18개월 된 아이가 공원에서 무엇을 했는지를 자신의 말로 들려주는 것은 무척 힘든 일이다. 그때 "그려 봐."라는 말이 떠올랐고 "뛰어 다녔니?" 하고 물었다. 클레멘타인은 "네."라고 말을 했다. 그래서 나는 막대기 형태로 뛰고 있는 모습을 그린 후 곱슬머리와 옷, 클레멘타인이 지금 입고 있는 옷의 단추를 똑같이 그리고 그 그림을 손으로 가리켰다. "점프도 했었니?" 하고 묻자 "네."라고 대답했고 나는 점프하는 모습을 그렸다. 클레멘타인은 "아니, 그렇게 말고요."라고 대답을 했고 의자 위에 올라가 어떻게 점프했는지를 보여 주었다. 처음 그렸던 것을 지우고 클레멘타인이 몸으로 보여 준 것을 다시 그렸다. 점차 사촌들 하나하나까지 다 포함되는 이야기를 그리는 동안 몇 장의 종이를 사용했는지 모른다. 내가 먼저 누구를 그릴지 제안하면 클레멘타인이 승낙해 주고, 내가 말을 하거나 클레멘타인이 행동을 보여 주는 방식으로 이야기 그리기를 진행했다. 우리는 오래된 커다란 나무를 오르는 이야기와 백합 연못의 오리를 쳐다보는 이야기를 만들었다. 내가 그린 오리 연못을 보더니 "연못이 무서워요."라고 말을 했다. 잠시 기다렸다가 다시 보니, 오리를 그리는 동안 내가 연필을 빨리 움직여서 클레멘타인이 위험을 느낀 듯했다. 아무것도 없는 연못의 자연스러운 모습에 대해 설명하려 했으나 전혀 설득되지 않았다. 그래서 나는 위험이라는 감응을 이끌어 내고 연못에서 코를 내밀고 있는 악어를 그려서 보여 주었다. 클레멘타인은 악어를 좋아했고 보이지 않는 부분이 갖고 있는 여러 가능성에 매우 흥분했다. 악어가 과연 발가락을 깨물까? 우리는 궁금해졌고 이야기는 스스로 펼쳐졌다. 나는 그림이 담긴 종이를 집으로 가져가 **"클레멘타인의 센테니얼 공원 방문기"**라는 제목으로 책을 만들어 클레멘타인의 어머니께 드렸다.

몇 달이 지나 나는 부엌을 그림 그리는 공간으로 바꾸기로 했다. 그것이 이야기–만들기를 연장할 수 있을 것 같았기 때문이다. 부엌을 예술 공간으로 바꾸기로 한 것은 정돈, 질서, 예측 가능성이라는 부엌을 깔끔하게 유지하는 나의 일상적인 실천의 선을 조금 넘어선 것이었고 새로움에 나 스스로를 열어 둔 것이었다. 나의 개방으로 인해 클레멘타인은 질서와 관련된 소소한 불안들을 지워버릴 수 있었다. 부엌에서 그림을 그리고 색칠하기 시작한 지 몇 달이 지났을 때 클레멘타인은 하지 않았으면 하는 어떤 일을 하려고 했기 때문에, 나는 "안 돼!" 하고 소리쳤다. 클레멘타인은 의자에서 뛰기 시작했다. 그때 나는 클레멘타인이 나의 일상에 적응하려고 얼마나 노력을 했는지 알 수 있었다. 현장 기록에도 나와 있듯이 상승선을 타고 있던 나의 열정들은 클레멘타인과 함께 그림을 그리고 색칠하기 시작한 2년 후에도 여전히 아래와 같은 순간들을 마주해야 했다:

> 클레멘타인은 연필에 물감을 묻혀 점을 찍었고, 나는 물감은 연필로 찍는 것이 아니라고 알려주었다. 나를 한 번 쳐다보더니 망설였다. 그 순간 내가 얼마나 바보 같은 말을 했는지 깨달았다. "어른들이 잘못된 생각을 갖고 있을 때도 있단다. 네가 무엇을 하고 있는지 보여 주렴." 하고 말했다. 클레멘타인은 연필로 작은 선명한 점들을 그릴 수 있음을 보여주었다. 잘 그렸다고, 실험이란 좋은 것이고, 내 말은 맞기도 하지만 틀리기도 한다고 말해 주었다. 클레멘타인은 내 말에 흡족해하는 것 같았다. 연필로 점을 더 그려 넣었고 다 그린 후 연필을 씻으려고 했다. 그 모습에 나는 깜짝 놀랐다.

함께 그림을 그릴 때마다 물감이 묻지 않도록 신문으로 벤치를 덮어 두었고, 벤치를 버릴 것 같은 불안감과 쓰레기가 생길 것에 대한 걱정을 미리 하지 않으려고 재활용 종이에 색칠을 하였다. 이처럼 종이가 만들어 낼 수 있는 까다로운 상황들이 없었기에 우리는 색칠에 완전히 몰두할 수 있었다. 물감과 물이 엎질러지거나 아직 마르지 않은 그림이 바닥에 엎어졌을 때 우리는 그것을 "사고"로 규정했기 때문에 어떠한 극적인 일도 연출되지 않았다. 클레멘타인이 특히 좋아했던 그림은 자기 집 벽면에 걸어 두었다. 내가 그린 그림 몇 장도 부엌에 걸어 두었다. 이처럼 새로운 질서와 하강선을 통해 내가 추구하고자 했던 것은 예술 활동이 일어날 수 있는 공간이다. 그곳은 불필요한 불안감 없이 예술 활동을 하면서 실험을 할 때 즐겁게 상승선에 이르게 하는 공간이었다.

부엌에서 색칠하기로 한 첫날 클레멘타인은 벤치에 앉아서 내가 그림에 필요한 모든 재료를 제자리에 놓아두는 것을 주의 깊게 보고 있었다. 나는 예술 활동에 필요한 영감을 얻고자 이국적으로 보이는 파랑새 조각상을 벤치에 놓아두었다. 작은 팔레트에 물감을 조금씩 짜 두고 클레멘타인에게 원하는 물감을 선택하도록 했다. 크기와 질감이 다른 여러 가지 붓들 중에 각자 원하는 붓을 선택했다. 내가 붓에 물을 묻혀서 색칠하는 방법을 알려주자, 클레멘타인은 자기가 원하는 색깔로 물감을 묻히기 시작했다. 그러나 그 아이가 색칠을 시작하기 전에 모든 색의 물감을 다 붓에 묻히는 바람에 나는 당황했다. 팔레트의 물감이 한순간에 '지저분해지자' 걱정이 밀려왔고, 나는 "아!" 하고 외쳤다. 클레멘타인은 나의 저항에 저항하듯 붓을 선명한 다른 색에 다시 담갔다.

클레멘타인은 새 조각상에는 관심이 없었고, 이 색 물감에서 저 색 물감으로 재빨리 붓을 옮겼다. 이런 상황에서 어떻게 해야 할지를 나는 알고 있었다. 그림-이야기를 만드는 동안 "결과물"이 어떻게 될 것인지에 대한 걱정을 내려놓은 채 붓의 움직임을 따라갔다. 새가 순식간에 내 종이 위에 등장했다. 새를 잘 그릴 수 있을지 상상이 되지를 않았다. 새 다리가 너무 짧게 그려졌으나 오른쪽에 더 그려 넣기에는 여백이 충분하지 않았다. 다리 길이가 짧은 것이 아무런 문제가 되지 않음을 깨닫자, 우리는 그림에 즐겁게 몰두하였고 **예술은 반드시 이러해야 한다**는 많은 소소한 노예적 사고에서 벗어나는 해방감을 느꼈다. 붓이 흘러가는 대로 물감이 예상치 못하게 섞이는 대로 내버려두는 것은 클레멘타인과 그림을 그리는 첫 순간에 아이로부터 배운 기술이다. 내가 그린 새를 새 조각상 옆에 두고 한 동안 즐거워했다. 그 다음 방문에 클레멘타인은 웃으며 새 조각상을 쳐다본 후 새 그림을 쳐다보았다. 그림에 있는 새를 반복해서 보며 놀란 듯이 "여기 봐요. 새가 있어요. 새."라고 말했다(그림 1 참고).

그림 그리기가 끝나자 클레멘타인이 사용했던 의자를 싱크대 앞에 옮겨서 사용했던 재료들을 함께 씻었다. 뜨거운 물이 나오는 수도꼭지가 옆에 있어서 위험할 수 있었다. 나는 수도꼭지들을 상대로 말을 걸어서 그것에게 인격을 부여해 주었다. 뜨거운 물이 나오는 수도꼭지에게 나는 깊고 근엄한 목소리로 "조심해! 나는 뜨거운 물이 나오는 수도꼭지야. 나는 정말 위험해!"라고 말을 하고, 차가운 물이 나오는 수도꼭지는 부드럽고 온화한 목소리로 "안녕, 나는 차가운 물이 나오는 수도꼭지야. 나는 아무도 다치게 하지 않아."라고 말을 했다. 클레멘타인은 목소리들을 좋아했고 반복해서 듣는 것을 재미있어 했다. 물을 배수구에 흘려보내면 시끄러운 소리가 난다는 것을 알고 나서, 나는 물을 내려보낼 때 배수구멍이 내는 의미 없는 콸콸 소리를 재미있게 만들어 흉내 냈다. 붓을 씻을 때 붓에서 물감이 씻겨 나가는 것을 함께 관찰했고, 붓마다 서로 다른 특성을 갖고 있고 어떻게 다르게 씻어야 하는지를 배웠다. 수도꼭지와 배수구에 생명을 불어 넣을 수 있는 즐거운 능력을 발견하면서 수도꼭지를 안전하게 다루는 방법 또한 배울 수 있었다. 붓, 물감 그리고 물과 조화롭게 상승선과 하강선을 왔다 갔다 하면서 우리는 영원하고 무한한 놀이의 영역으로 들어갔다.

예술가가 되는 순간들 Moments of becoming art-makers

그림 그리기가 끝난 다음에 기록해 둔 현장 기록 자료에서 발췌한 사례들을 소개하고자 한다. 250장이 넘는 스케치와 그림들이 있었다. 그중에서 예술 활동 자체가 제공하는 놀랄 만한 특성들과 그 사이에서 발생하는 내부작용과 감응의 흐름을 잘 보여줄 수 있는 그림 몇 장을 선정했다. 선정된 사례들은 늘 작동하고 있는 하강선들 사이에서의 긴장과 그에 대비되는 활기, 즐거운 공동 구성의 순간들이 담긴 흔적들이다.

2011년 10월 13일: 감응이 흐르고 새로움이 출현할 수 있도록 하는 질서

오늘은 내가 클레멘타인과 그림을 그리기 시작한 이후 6주 동안 휴가를 다녀와서 다시 만나기로 한 날이다. 집을 나와서 우리 집으로 가려는 순간 클레멘타인의 동생 스카우트가 같이 가고 싶다고 울어댔다. 34개월이 된 클레멘타인은 동생에게 그림 그리는 것은 큰 언니들만 할 수 있다고 설명했다.

부엌에 도착했을 때 클레멘타인은 의자를 옮겨서 벤치 옆에 두고 "이것은 내 의자예요."라고 말한 후 의자에 올라가서 물감이 어디에 있는지 물어보았다. 늘 그랬듯이 모든 것이 준비되어 있다고 말을 했다. 클레멘타인은 모든 것이 질서 있게 준비되어 있는 것을 지켜보면서 인내심을 갖고 차분하게 앉아서 기다렸다. 나는 그 모습에 놀랐다.

오늘은 자기 인형인 아처를 가지고 오겠다고 주장했다. 그리고는 이제 아처를 그릴 것이라고 말했다. 벽에 걸려 있는 새 그림을 향해 고개를 끄덕이며

"선생님은 어제 저렇게 색칠했잖아요."(클레멘타인에게 오늘이 아닌 지난날은 "어제"로 표현한다)라고 말했다. 우리가 함께 그렸던 그림들은 인형이나 새처럼 특정 사물을 **재현한** 것은 거의 없었다. 사물 그림을 그렸을 때 그 사물은 탈주선이 출현하기 위한 도약점과도 같았다. 오늘 클레멘타인은 아처를 선택했고, 아처를 볼 수 있도록 벤치에 앉혔다. 물감을 짜면서 빨간색과 흰색을 섞으면 어떻게 분홍색이 되는지에 대해 이야기 나누었다. 클레멘타인은 곧바로 두 색을 섞었고 붓을 쓸며 즐겁게 선들을 그리기 시작했다. 다음으로 파란색과 흰색으로 붓이 옮겨갔고, 분홍색 위에 금색을 덮어 씌웠다.

그동안 나는 아처 얼굴을 분홍색으로 색칠하고 분홍색 미소를 그려 넣기 시작했다. 힐끔 보더니 "선생님이잖아요."라고 말을 했다. 아처를 그린 것이 아니라 나를 그렸다고 말한 것이다. 클레멘타인과 함께 내 머리카락을 어떤 색깔로 해야 할지 의논하여 금색으로 결정했다. 나는 파랗고 금빛이 도는 눈과 막대기 모양으로 된 몸을 그렸다.

클레멘타인은 파란색과 분홍색 등의 여러 색을 혼합하여 내가 원 그리기와 함께 시작한 내 그림을 흉내 내어 원을 그려 넣으면서 붓 터치를 하는 실험에 더 몰두했다. 클레멘타인은 그로부터 원형과 곧은 직선의 붓 터치를 모두 사용하면서 파란색과 노란색을 섞어 녹색을 만드는 실험으로 옮겨갔다.

클레멘타인은 자신 있게 붓으로 선을 그었고 혼합된 색으로 선을 긋고 그 위에 다른 선을 그었다. 아처가 아니라 내 얼굴을 그리고 있다던 클레멘타인의 생각으로 인하여 나 또한 자신만의 실험을 시작하게 되었다. 그 이후 출현하는 것들은 놀라웠다. 거칠고, 화가 난, 미칠 것 같은 얼굴. 내가 지금 하고 있는 상황에 대한 내가 느꼈던 모든 슬픔과 분노가 갑자기 그림에 표현된 것처럼 보였다.

나는 너무 놀라서 클레멘타인에게 그림을 들어서 보여 주며 "이것 좀 봐!" 하고 소리쳤다. 클레멘타인은 "아! 진짜 화가 난 거미 엄마 같아요!"라고 소리쳤다(그림 2 참고).

다음번에 그림을 그릴 때 클레멘타인은 몇 가지 색을 섞었고 거미-엄마의 선을 연결시켰다. 붓을 내려놓고 손에 물감을 묻혀서 점을 그리기 시작했다.

그리고는 물감을 묻혀 손가락을 미끄러뜨렸다. 그 순간은 마치 야생적인 내 그림이 그 아이에게 일상적이지 않은 어떤 것이든 해도 된다고 허락해 주는 듯 했다. 클레멘타인은 같은 색 물감을 붓에 묻혀 새로운 그림을 그리기 시작했다. 이번에는 연필로 화가 난 거미 엄마의 감응이 그대로 포착된 구불구불한 선들을 그렸다(그림 3과 4 참고).

2011년 10월 25일: 물질적 참여 장(場)의 확장

[그 이후 클레멘타인은 아팠다. 휴가 후에 함께 그린 그림은 이번이 처음이다. 그림을 다 그리고 청소를 끝낸 후 인형을 가지고 놀다가 클레멘타인은 밝은 색 털실로 짠 공을 보았다.]

클레멘타인은 자기도 뜨개질을 할 수 있는지 나에게 물었다. 나는 뜨개질을 하려면 조금 더 커야 한다고 말했으나, 그 아이는 내 말을 전혀 믿는 것 같지 않았다. 뜨개질을 하는 방법을 보여 주자, 너무 어려울 것 같다고 하였다. 그리고는 검정색 털실을 몇 조각으로 자른 후 서로 다른 크기의 조각을 만들었다. 클레멘타인은 사실 가위를 사용하는 것에 더 즐거움을 느끼는 듯 했다. 털실의 나머지 부분을 바라보며 그것을 전부 잘라버리면 재미있을 것 같다고 생각하는 듯하였고, 녹색 털실로 만든 공 위에서 공 전체를 가로지르며 자르기 시작했다. 나는 부드러운 목소리로 그렇게 하지 않으면 좋겠다고 말을 하면서, 이미 잘라낸 검정색 조각을 가지고 거미를 만들어 게임을 하자고 제안했다. 내가 붉은 눈을 가진 거미 두 개를 얼른 만들자, 클레멘타인은 거미가 무섭게 생겼지만 멋있다고 했다. 거미를 잠깐 가지고 놀더니 컴퓨터에 가서 무엇인가를 치고 싶다고 말했다. 나는 그 아이를 내 무릎에 앉히고 몇 단어를 치면서 철자를 말해 주고, 그 철자에 해당하는 자판을 가르쳐주었다. 클레멘타인은 나에게 다음과 같이 컴퓨터에 쳐달라고 했다.

사랑하는 클레멘타인
나는 네가 아프지 않기를 바란단다.
사랑하는 스카우트
나는 네가 아프지 않기를 바란단다.
사랑하는 엄마
나는 엄마가 아프지 않기를 바랍니다.
사랑하는 할머니
나는 할머니가 아프지 않기를 바랍니다.
우리는 모두 곧 좋아질 거예요.
우리는 어젯밤 모두 잠들었고
달콤한 꿈을 꾸었습니다.

컴퓨터 화면의 글이 자기가 불러 준 단어들로 쓰여 있다는 것을 알고 단어를 가리키면서 했던 말을 반복했다. 글에 아빠가 빠져 있는 것 같다고 하자, "아니에요."라고 말을 하면서 아빠는 아프지 않기 때문에 글에 없다고 설명했다. 클레멘타인은 시를 어떻게 끝내야 할지 모르는 듯하였다. 내가 달콤한 꿈을 꾸는 것으로 마무리하자고 제안하자 웃으면서 승낙했다.

2012년 2월 27일: 즐겁게 함께 구성하기

오늘은 카페에서 시작되었다. 클레멘타인은 이야기를 들려주었고 나는 그림을 그렸다. 자신과 동생에 대한 이야기부터 시작해서 사촌과 부모님, 인어꼬리를 가진 사람들에 대한 이야기를 들려주었다. 꼬리를 가진 인어들은 얼굴에 점이 있다고 하면서 처음으로 연필로 점을 그려 넣었다. 방금 사용한 연필이 빨간색이었는데, 그 색깔 밖에 없다는 것을 알았다. 빨간색 점들은 점점 휘갈겨지면서 상처처럼 되었다. 점은 모든 사람들이 아프기 때문에 병원으로 가야 하는 것을 의미하였다. 종이가 한 장 밖에 없어서 신문판매인에게 가서 종이를 더 얻어 와 이야기는 계속되었다(그림 5 참고).

병원에는 인어들이 누울 수 있는 침대 7개가 있고, 의사는 인어를 위한 약을 갖고 있으며, 병원으로 들어가려면 이중으로 된 큰 문을 통과해야 한다. 일요일이 되자 새로 태어날 아기를 위한 아기 침대 하나와 클레멘타인의 침대 두 개가 있어야 한다고 이야기가 추가되었다. 침대 두 개 중 하나는 세 살인 지금의 자신을 위한 침대이고 다른 하나는 자신이 더 큰 소녀가 되었을 때를 위한 침대라 했다. 모든 사람은 약을 받았다. 나는 그들의 배에 약을 그려 넣었다. 두 명의 클레멘타인은 특히 큰 약을 받아야 했다. 나는 다 나았을 때 클레멘타인이 탈 스포츠카를 그려 넣었고 바람에 쉭 소리를 내는 머리카락을 그렸다. 클레멘타인은 차를 빨간색으로 칠했다(그림 6 참고).

이제 이야기는 공원으로 향했다. 클레멘타인은 악어에 발가락이 물린 이 부분을 특히 좋아했다. 이 이야기에는 많은 변형(variaition)이 있었다. 오늘 공원에는 나무, 사다리와 미끄러운 웅덩이가 있었다. 웅덩이는 길고 미끄러웠으며 웅덩이의 끝에는 보트가 물 위에 떠 있었다. 클레멘타인은 사다리를 타고 머리카락을 휘날리며 미끄러운 웅덩이로 "쉭" 하고 들어가서 배 위에 올라탔다. 그리고 클레멘타인은 악어가 있는 물인줄 알면서 물 속으로 뛰어들었다. 클레멘타인은 내가 그린 그림을 지적하며 팔을 머리 위로 올리는 자유형이 아니라 팔을 앞으로 하는 개헤엄이라고 주장했다. 그래서 나는 개헤엄치는 팔로 바꾸어 그렸다. 악어가 자신의 인어 꼬리를 물었다. 물 안에서 수영하고 있는 엄마가 있는 쪽으로 "엄마! 엄마!"를 부르며 재빨리 다가갔다. 나는 물린 곳에 밴드를 바르면 더 좋지 않을까 하고 제안했다. 다음 그림에서 인어들은 빙상경기장에 갔고 그곳에서 두 인어가 밴드를 하고 스케이트를 탔다. 이제 왼쪽 상단 코너에 클레멘타인의 빨간색 머리카락이 날리는 그림이 붙어 있다(그림 7과 그림 8 참고).

2012년 2월 28일: 새로운 것으로 경이로운 도약 – 바람에 날리는 머리카락

다음 날 여유 시간이 30분밖에 없다고 말을 했지만 클레멘타인은 간절한 얼굴로 그림을 그리러 왔다. 분홍색 물고기를 그리기 시작했고 물과 부는 바람을 그렸다. 다음으로 자신을 그렸고 바람에 날리는 머리카락을 그렸다. 동

그림 | 두 마리의 새

그림 2 화가 난 거미 엄마

그림 3 거미 엄마에 대한 반응 1

그림 4 거미 엄마에 대한 반응 2

그림 5 점이 많은 인어들

그림 6 병원에 있는 인어들

그림 7 공원에 있는 인어들

그림 8 아이스 스케이트를 타는 인어들

그림 9 바람에 휘날리는 머리카락 1

그림 10 바람에 휘날리는 머리카락 2

그림 11 친구를 방문하기와 모험하기

그림 12 구름

그림 13 일요일에 태어남

그림 14 (인어) 가족

그림 15 양귀비 1

그림 16 양귀비 2

그림 17 가위벌

그림 18 요정과 물총새

생의 머리카락이 바람에 날리는 것도 그렸다. 바람에 날리는 머리카락이 그림의 대부분을 차지했고 색감과 움직임으로 가득 찼다(그림 9와 10 참고).

오늘 놀라웠던 것은 전날에 우리가 나누었던 이야기가 도약해서 그림 속에 물고기와 바람에 날리는 머리카락으로 나타나는 방식이었다. 더 놀라운 점은 클레멘타인이 물감과 색, 그리고 선을 가지고 실험하면서 발전해 온 모든 기술을 활용해서 그림을 그렸다는 점이다. 정말 놀라운 날이었다.

2012년 5월 23일: 함께 이야기 그리기, 그 즐거운 구성

[그림 몇 장을 그린 후] 클레멘타인은 서예용 붓을 선택하여, 자기 집과 친구의 집을 재현하며 구석에 점을 그리기 시작했다. 집과 집 사이에 흘러가는 선들을 그렸고 진흙웅덩이를 그렸다. 친구 집에 방문한 것과 악어와의 모험에 대해 이야기 했다. 그림을 그리면서 그림 속에 있는 아주 용감한 소녀에 대한 이야기를 들려주었는데, 그 소녀가 바로 클레멘타인이며 가장 용감한 인어라고 설명했다. 친구들도 그림에 있었다. 악어 떼가 친구들을 쫓아갔는데, 악어만큼 빠르게 뛰지를 못해 악어에게 물렸고 병원에 갔다(그림 11 참고).

지금 이야기를 멈추고 인어 이야기를 그릴 수 있는지 물어보았다. 나는 클레멘타인이 직접 그릴 수 있을 거라고 했지만 선생님이 "그림을 더 잘 그리기" 때문에 내가 그려야 된다고 우겼다. 무릎에 앉히고 이야기를 함께 이어 나갔다. 우리는 재지와 클레멘타인이라는 두 인어를 그렸다. 클레멘타인이 가장 큰 인어였다. 인어들의 손은 클레멘타인의 손 모양과 같아야 했기 때문에 손가락을 막대기처럼 대충 그리지 않았다. (얼마 전 손가락을 대고 따라 그리고 색칠을 한 적이 있기 때문에 손가락이 어떤 이미지를 갖고 있는지를 알고 있었다.) 재지는 꼬리가 잘렸다. 클레멘타인과 재지는 꼬리에 가시가 박혔고 병원에 가야 했다. 둘 다 침대에 누워 있었는데 매우 슬펐다. 의사 브로니가 밴드와 핀셋을 갖고 오자 슬픈 얼굴은 미소 짓는 웃는 얼굴로 변했다. 의사는 가시를 뽑았고 가시를 통에 넣어 두고 재지의 상처에 밴드를 붙였다. 나는 가시를 뽑을 때 인어들이 "아야!" 하고 말했다고 했지만, 클레멘타인은 그 말을 쓰지 않기를 원해서 지웠다. 그때 인어 스카우트와 맥시가 침대 밑에 숨어 있었다. 이야기를 만들어 가고 그림을 그리는 동안 클레멘타인이 흥분해서 움직이는 바람에 몇 번이나 내 무릎에서 떨어질 뻔했다. 클레멘타인이 내 무릎 위에 앉아 있지 않았다면 이야기를 그리는 동안 그 아이가 얼마나 흥분했었는지를 알지 못했을 것이다!

바로 이 순간이 한동안 우리가 가졌던 가장 창의적이었고 편안했던 시간이었고 둘 사이의 애정을 강렬하게 느낄 수 있었던 순간이었다.

2012년 6월 25일: 공동의 물질성에 대한 생각의 출현

이 날은 가장 편안하고 즐거웠던 시간이었다. 물론 대부분이 그랬지만, 이 날은 질적으로 달랐다. 계단 앞에서 우연히 클레멘타인을 만났을 때 내 양팔 안으로 뛰어들면서 나를 안았고 우리 집에 와도 되는지를 물었다. 단지 5일 동안 떨어져 있었지만 너무 보고 싶었다고 했다. 3주 내에 자기 동생이 태어날 것도 알려줬다.

집에 도착했을 때 클레멘타인은 배가 고프다(hungry)고 배(pear)를 잘라 달라고 했다. 우리는 배와 사람이 얼마나 닮았는지에 대해 이야기를 나누었다. 배도 피부를 가지고 있고 엄마처럼 배가 나왔다. 자기도 동그란 배가 있다고 말했다. 씨앗에 대해 궁금해하기 시작했고 우리도 씨가 있는지를 생각해 보았고 클레멘타인은 씨가 없을 것이라고 생각했다. 머리에 싹이 나오는 줄기가 있는지 농담조로 물었더니 웃으며 없다고 답했다. 버터와 꿀을 바른 토스트를 먹겠냐고 묻자 그러겠다고 했다. 클레멘타인은 토스트 위에 있는 하얀 손가락에 묻은 빨간 작은 씨앗에 관심을 보였다. 그것이 석류 씨앗임을 설명하는 데 시간이 꽤 걸렸기에 내가 석류를 잘라서 보여 주자, 클레멘타인은 희고 작은 손가락에 석류 씨를 올려놓고 보여 주면서 먹지 않는 것이 좋겠다고 해서 나도 동의했다. 우리는 사람과 석류가 어떻게 닮았는지가 궁금해졌고, 석류 속에 있는 빨간 과즙이 마치 피와 같다고 결론지었다. 클레멘타인은 피는 몸 밖으로 나오는 것보다 몸 안에 있는 것이 더 낫다고 했다.

그리고 나서 우리는 그림을 그리기 시작했다. 클레멘타인은 구름을 잘 그린다고 말하면서 솜털 모양의 구름을 그렸는데, 실제로도 잘 그렸다. 흰색과 빨간색을 섞어 만든 분홍색으로 구름을 칠했고 멋진 분홍 구름이 될 것이라고 말했다. 클레멘타인이 팔레트에 짜놓은 색깔을 모두 완전히 섞자 진흙색이 되었는데, 곧 붓에 묻은 진흙색으로 구름을 망쳐버렸다. 내가 갈색은 구름색으로 좋지 않다고 말을 하자 그 아이는 색칠을 멈추고 약간 남아 있는 분홍색 구름을 그대로 두었다. 호기심 어린 눈으로 그림을 보더니 작품명을 **"피타파타 무지개"**라고 불렀다. 그것이 구름의 이름인지 물었더니 아니라고 답했다. 나는 이러한 작품명과 관련해서는 그것이 여전히 무엇을 의미했는지를 알지 못한다(그림 12 참고).

클레멘타인은 색칠을 그만하고 싶다고 말했고, 내가 그림을 완성하는 동안 옆에서 아기가 들어 있는 엄마의 배를 그렸다. 다 그린 후 색칠을 했는데, 마음에 안 들었는지 물감을 지워달라고 했다. 여러 번 문질러서 종이에 구멍이 날 것 같았기 때문에, 내가 큰 구멍이 생기기 전에 그만 지우자고 제안했다. 그러자 그 아이는 문지르기를 멈추고, 문질러서 구멍이 날 것 같았던 두 부분을 연한 물감으로 칠했다. 결국 구멍이 났지만 싫어하지 않는 듯 했다. 그리고는 아기를 가진 엄마와 클레멘타인이 함께 나오게 그려달라고 했는데, 자기 얼굴은 딸꾹질을 해서 슬퍼 보인다고 했다. 그 아이는 태어날 아기가 남자아이인 것을 알고 있었지만 여자아이라고 주장했다. 다음 그림에는 가족 전체를 그렸는데, 아기가 여전히 엄마 배 속에 있었고 동생 스카우트의 배 속에도 아기가 있었다(클레멘타인은 그런 척하자고 했으며 실제로 아기는 인형인 아처라고 말했다.) (그림 13과 14 참고).

2012년 7월 23일: 우리 두 사람, 양귀비와 벌들 사이의 흐름 속 작은 미세함에 주의를 기울이기

몇 시간 동안 클레멘타인을 만났다. 그날은 클레멘타인 엄마인 클라우디아의 출산예정일이었다. 그림에 대한 영감을 얻으라고 꽃병에 있는 양귀비를 보여 주었는데 클레멘타인은 꽃들이 자라기 위해서는 물과 태양과 흙이 필요함을 알고 있는지 물어보았다. 바로 그때 양귀비꽃이 봉우리에서 피어났다. 우리는 그 모습이 애벌레가 고치에서 나와 나비가 되어 날개를 펼치는 것 같다고 말했다. 우리가 점심을 먹는 동안 양상추 씨를 심는 것에 대해 이야기 나눈 후, 지역에서 운영하는 텃밭으로 가서 양상추 씨를 심었다. 클레멘타인은 양귀비도 자랄 수 있기 때문에 양귀비에게서 씨앗을 얻어다가 심어야 한다고 했다. 나는 꽃은 수분하기 위해서 벌이 필요한데 아파트에는 벌이 없어서 씨앗을 얻을 수 없다고 말했다. 그러자 클레멘타인이 벌은 꿀을 만든다고 해서 내가 꿀단지를 가져오자, 그 아이는 병뚜껑에 있는 벌 사진을 보여 주었다. "보세요. 꿀벌이예요. 꿀벌, 아시겠죠?" 벌 그림과 꿀을 손으로 가리키면서, 꿀과 벌이 얼마나 명백하게 서로 연결되어 있는지를 보여 주었다. 우리는 꽃의 아름답고 노란 중앙 부분을 유심히 보았고 벌들이 꽃을 어떻게 수분시키는지에 대해서 이야기 나누었다. 작은 꽃가루 주머니에 대해서 이야기를 나누었고 벌들이 다리에 붙여서 꽃가루를 나르는 것과 꽃들이 벌에 의존해서 꽃 중앙의 작은 공간에 꽃가루를 내려놓고 씨앗을 만들기 시작한다는 이야기를 나누었다. 벌이 수분시킬 때 꽃이 어떻게 씨앗으로 변하는지, 어떻게 하면 더 많은 양귀비를 만들 수 있는지에 대해 이야기 나누었다. 우리는 벌과 꿀, 양귀비를 느꼈다. 실제로 벌이 되면 얼마나 재미있을지를 생각하면서 토스트와 꿀을 좀 더 먹었다. 클레멘타인은 양귀비를 그리면서 그림마다 시를 한 편씩 지었다. 그러나 시는 그림과 관련이 없어 보였다. 단어가 반복되었고 얼마 전 나를 당황시켰던 작품명 "피타 파타"와 결합된 듯 했다. 마치 벌과 나비를 예찬하는 것 같은 시가 되어 태어났다.

피타 파타
캐티 필러
피티 피 …
나는 네가
내 벌이 되었으면 좋겠어.

클레멘타인은 양귀비를 색칠하고 싶어 했다. 나는 잎사귀는 초록색, 오렌지는 오렌지색으로 칠할 수 있도록 필요한 물감들을 제공했다. 하지만 클레멘타인은 물감들을 섞으면 무슨 일이 일어날 것인지에 대해 더 알고 싶어하면서 색을 섞었다. 여러 색을 섞어 만든 그 색은 내가 만들 수 있는 것보다 더 나았고, 깊이와 변이가 더해졌다. 나라면 아마도 (지루하고 활기 없는) 한 가지 색에 만족하여 그대로 있었을 것이다. 클레멘타인이 젖은 물감을 내 그림에 떨어뜨렸을 때 나는 조금 당황했다. 나는 "음, 나는 색칠하고 싶지 않아."라고 말을 한 후 화장지에 물을 묻혀 닦아 냈다. 그 아이는 왜 예상하지 못할 색이 만들어지는 것을 내가 보고 싶어하지 않는지 알 수 없다는 눈으로 약간 당황한 듯 나를 쳐다보았다. 그리고는 미소를 지으며 물감이 잔뜩 묻은 붓으로 내 그림에서 별 스티커를 어디에 붙일지를 알려주며 나를 놀렸다. 나는 스피커를 붙일 수도 있었다(물감 상자 안에 별 스티커가 몇 개 들어 있었다). 내가 단호하게 거절하자 웃으면서 붓을 돌려서 붓대 끝을 가지고 별을 붙일 수 있는 곳을 가리켰다. 내가 별을 붙이고 싶지 않다고 다시 말하자 이를 수용하고, 자신의 멋진 양귀비로 돌아가서 계속해서 그렸다(그림 15와 16 참고).

(결론 아닌) 결론 (In)conclusion

부엌의자에 마주 앉아 함께 예술 공간을 만들어 내면서 클레멘타인과 나는 서로의 그림에 몰입하는 신기한 경험을 했다. 이는 클레멘타인의 그림에서 내 그림으로, 내 그림에서 클레멘타인의 그림으로 넘나듦이 있는 그림의 요소들에서 명백히 드러났다. 클레멘타인의 흥분이 내 그림에, 그리고 조용히 연필과 물감으로 그림을 그리는 나의 즐거움이 클레멘타인에게 감응을 주었다. 우리들은 함께 그림을 그리는 동안 즐겁게 몰입한 결과로 만들어진 창조적 공간에 감응했다. 클레멘타인의 그림 그리는 속도는 표현하기 위해 힘들게 집중하며 천천히 그려야 한다는 그림에 대한 내 생각을 지워 버리게 했다. 클레멘타인이 색을 혼합시키는 행동은 신중하게 계획을 세워 색에 대한 지식에 근거하여 색을 혼합하는 것이 아닌 탈주선의 가능성을 열어주었다. 250개가 넘는 그림을 보면서, 클레멘타인은 병원에 간 것에 관한 이야기를 여러 번 했다. 그러나 나는 클레멘타인이 문에 손을 다쳐서 처음으로 병원에 간 경험을 했음을 현장노트에 기록해 놓지 않았다.

예술 활동 외에도 많은 일들이 있었다. 연구를 하면서 슬픔을 느끼기도 했고 일본화가 세카의 꽃 그림 전시회에 방문하기도 했다. 내가 알아차리지 못한 강력한 다른 힘도 많이 있었다. 클레멘타인의 부모인 매트와 클라우디아의 관대함과 따뜻한 격려는 예술 활동에 영감을 제공했지만 이 책에 다 담지 못했다. 클레멘타인이 들려준 집에서의 경험들은 작품 활동에 중요한 역할을 하였고 클레멘타인의 어머니는 그림을 보고 늘 기뻐했다. 우리가 함께 보낸 시간을 촬영하고 작품을 기꺼이 벽에 걸어두기도 하고 또한 카페에서 클레멘타인이 흘린 음료, 머핀 부스러기와 연필과 종이가 여기저기 흩어져 있는 것을 참아 준 직원들까지…. 이 모든 것들이 예술 활동을 가능하게 했던 공동체에 필요했다. 어쩌면 일상적이고 반복되는 하강선에 고착되어 있었다는 나의 표현들은 다소 과장되었을지도 모른다. 그러나 나의 가능성들을 제약했던 것들이 그곳에 있었음을 인정하지 않는 한 그것들로부터 해방되면서 느꼈던 놀라움과 상쾌함은 실재가 되지 못했을 것이다. 예술 활동을 하는 동안 발생하는 감응의 흐름이 주는 놀라움과 즐거움이라는 감각에 나를 열어두었을 때 우리는 더 많은 것을 얻을 수 있었다. 함께 그림을 그리면서 다르게 듣는 방법을 배웠고, 예상치 못한 새로운 것에 모든 감각들을 여는 방법을, 그것에 의해 감응되는 방법을 배웠다. 바다의 파도 속에서 수영하는 Halsey처럼 우리는 우리 자신들 물감, 붓들과 연필들 사이에서 발생하는 감응의 흐름에 몰입되어 함께 바로 **이것임**(*haecceity*)의 순간을 창조했다. 우리는 더 이상 분리된 개체들이 아니었으며 우리가 알고 있는 것에 제한된 존재들도 아니었다.

> 이것임은 순수 속도와 강도의 순간 **개인화**(*individuation*)이다. 즉, 이것은 수영하고 있는 몸이 파도-되기와 순간적으로 힘과 리듬의 강도에만 매달리는 것과 같다. 아니면 몸이 수평-되기를 할 때 표면과 곡선 사이의 상호작용만을 느낄 수 있고 여기인지 저기인지, 관찰을 하고 있는지 관찰을 받고 있는지를 알 수 없는 것과도 같다.
>
> (Halsey, 2007: 146)

이 책에서 후속되는 마지막 장에서는 이 책의 내용을 내 일상 속으로 가져가서 또 하나의 실험을 시도하고자 한다. 그것은 어릴 때부터 좋아했던 이야기를 다시 쓴 것들이 포함되어 있다. 1945년에 처음 출판된 이 이야기는 1974년에 다시 쓰였고 최악의 교훈을 담은 이야기로 평가되었다. 나는 그 이야기(O'Harris, 2014)를 다시 쓰면서 다른 길을 걸었다. 1974년의 교훈을 담고 있는 이야기를 해체하고 다른 것들과의 내부작용을 통한 생성으로 요정의 땅(Fairlyland)을 변화시킬 수 있는 힘을 가진 인물들을 새로 만들었다. 새롭게 등장하는 인물들은 요정의 땅에서 사유와 되기의 능력을 확장시킬 수 있는 개체들이었다.

CHAPTER 6

동화 속의 탈주선

Lines of flight in stories for children

끝으로 동화를 다시 써보는 작업을 통해 각 장에서 전개된 내용의 종합적인 시사점을 찾아보고자 한다. 나는 호주의 전래동화인 『날지 못하는 요정(*The Fairy Who Wouldn't Fly*)』(O'Harris, 2014)을 다시 썼다. 이 경험은 아이들을 위한 이야기를 쓰는 것에 대한 생각의 회절된 공간을 열어 주었다. Deleuze와 Guattari(1987)는 책에 대해 다시 생각해 보고 이야기를 다르게 써보라고 권하고 있다. 다시 말해, 개인화된 담화 방식(enunciations)에 바탕을 두고, 주체화라는 지배적인 방식과 욕망의 유형에 주체를 가두지 않을 것을 제안하고 있다. 따라서 우리는 책들을 **배치물들**(*assemblages*)로 생성하였다:

> 하나의 배치물은 다양체가 됨으로써 기호적 흐름들, 물질적 흐름들, 사회적 흐름들에 반드시 동시에 작용한다 … 실재의 영역(세계), 표현의 영역(책), 그리고 주체성의 영역(저자) 사이에 삼분법은 더 이상 존재하지 않는다. … 담화 방식이라는 집단적 배치물, 욕망이라는 기계적 배치물이 서로 섞여 존재하며, 그것들은 갖가지 방식으로 서로 얽혀 다양체로 존재하는 경이로운 바깥에 가지를 뻗는다.
>
> (Deleuze & Guattari, 1987: 23)

Deleuze와 Guattari에 의하면, 책은 원래 있던 것을 단순하게 베껴 쓴 사본이 아니며 "공인된 개념들과 단어들의 끝없는 전사(tracing)이며, 현재, 과

거, 미래의 세계에 대한 전사이다."(Deleuze & Guattari, 1987: 24). Deleuze와 Guattari는 책을 유목의 지도로 간주한다. 책은 정지 상태가 아니라 운동이며 중복하는 가능성들이다. 그것은 선명하게 고정된 문화의 선들을 탈-영토화하고, 그 선들이 만들어 낸 탈-영토화된 공간들은 끊임없는 운동에 의해 재-영토화된다. 상승선과 하강선은 서로에게 영향을 주고받으며 늘 뒤엉켜 있다: "[저]이곳에는 선들의 **상호 내재성**(*mutual immanence*)만이 있다. 그것들을 분리시키기는 쉽지 않다. 그것들 중에서 어느 것도 초월적인 것은 없으며, 각각은 다른 것들 내에서 작동한다."(205)

나는 상호되기(mutual becoming)에 관한 이야기를 쓰고자 한다. 이 이야기는 담화 방식의 지배적인 양식과 욕망의 형태들을 탈-영토화시킨다. 이 책이 파인 홈(striation)과 발현적 되기의 중간점에서 작동하기를 바란다. 이야기의 등장인물들은 Deleuze가 말하는 탈주선을 타는 인물들이기를 바란다.

『날지 못하는 요정』은 1945년에 Pixie O'Harris가 지은 지 30년 후에 Davis Harris가 Pixie O'Harris가 새로 그린 삽화를 넣어서 다시 출판하였다. 내가 어렸을 때 읽고 또 읽었던 이 동화는 1945년에 쓰인 책이었다. 아버지는 내게 요정이라는 별명을 지어 주셨다. 하지만 1974년판은 내 아이들이 글을 읽기 시작했을 무렵 출판되었는데, 내용이 완전히 달라졌다. 두 출판본 모두 이야기의 경로를 살펴보면 정상성의 범주에 수용되기 힘든 개인의 차이로부터 출발한다. 그러나 정상화가 이루어지는 과정은 완전히 달랐다(Davies, 2005). 1945년판과 1974년판에는 날지 못하는 요정이 똑같이 등장한다. 책에 등장하는 생명체들은 저마다 무엇인가를 반드시 해야 함에도 불구하고 하지 않아 요정의 땅에서 추방되었고, **"하지 않는 땅**(*Woodn't*)"으로 보내졌다. 생명체들은 요정의 땅에서 정해놓은 분류와 홈파인 무늬(striation)(견고한 구조와 조직)에 순응(혹은 조직 내에서 재-영토화)하는 것을 배울 때까지 하지 않는 땅에 남겨져 있어야 했다.

두 출판본에는 모두 교훈을 담고 있었다. 올바른 방식이 있었고, 각 생명체들이 꿈꾸는 이상적인 형태가 있었다. 이상적인 형태는 그들의 외부에 있기 때문에 그들의 과제는 개별화되고 분리된 존재 내부로 그것들을 융합시키는 일이었다(Deleuze, 1980). 1945년 책에서 요정은 재-영토화하거나 자신을 정상으로 만들려는 시도에 대항하거나 맞서 싸우며, 사랑스러우면서도 반역을 일으키는 인물이었다. 그러나 1974년에 출판된 동화에서 이 요정은 병이 있는 것으로 묘사되었다. 다른 요정과 똑같아지고 싶어 했지만 실패에 대한 두려움으로 가득 차 있었다. 1945년과 1974년에 쓰인 두 책은 모두 "요정"이라는 범주에 속하기 위해서 바빠야 했고 유용해야 했으며 날 수 있어야 했다.

1945년 책에는 요정이 반역을 일으키는 것에 대항하는 사랑스럽지만 독재적인 구조가 있었다. 요정은 요정의 땅에서 추방당하여 **하지 않는 땅**으로 보내졌다. 그곳에서 다른 폭동꾼과의 내부작용으로 유쾌한 탈주를 이끌었으나, 이후 요정의 땅으로 돌아왔다. 1945년판에서는 마술 요정들이 언제 요정을 **하지 않는 땅**으로 보내야 하는지를 설명하고 있고, 다른 요정들처럼 날 수 있을 때 요정의 땅으로 돌아올 수 있다고 말하고 있다. 이처럼 선명하게 홈 파인 무늬가 만들어졌지만, 요정에 대한 애정 또한 그대로 간직하고 있었다. 요정이 날기에 저항하는 것은 비록 마지막에 가서는 수용될 수 없다 하더라도 병으로까지 치부되지는 않았다. 요정 여왕이 왜 요정을 추방시켰는지 마술 요정이 설명했을 때 요정은 매우 화가 났다. 그러나 1974년판은 아주 달랐다. 요정은 자신이 추방되는 이유를 설명해달라고 요구하지 않았고 아무도 설명해 주지 않았다. 요정은 스스로 그 **이유**를 알아내야 한다고 생각했다. 날지 못하는 병에 대한 치료가 추방이라고 당연하게 받아들였고 극복하려고 애를 써야 했다. 1974년판 이야기에서의 교훈은 그들이 사는 곳에 있는 범주에 속해야 하고 그것 되기를 막는 한계들을 극복하려고 노력해야 한다는 것이다. 예외는 없었다. 1945년판에서 날지 않으려는 요정의 저항은 아기처럼 하고 싶은 대로 하는 사랑스럽고 유치한 행동으로 해석되었다. 그러나 1974년판에서 요정은 자의식을 갖게되면서 불완전한 자아가 되었고, 판단의 시선을 자신에게로 돌렸다.

이야기의 지도를 다시 그리는 이 실험을 통해 나는 전혀 다른 이야기 궤도를 따라 가보고자 한다. 그것은 정상화의 힘에 대한 저항이나 반대도 아니고 개별적인 질병의 한 종류도 아니다. 내가 쓰고자 하는 이야기의 한쪽에는 이미 알고 있는 범주 내에 모든 것을 놓아두고 모든 것을 똑같이 유지하려는 힘이 있다. 다른 한쪽에는 아직 알지 못하는 것을 열어 주는 마주침(encounters)과 힘의 선들이 있다. 나는 이 선들의 **사이-내부에서**(*in-between*) 일어나는 운동에 대한 이야기를 만들고자 한다. 이 이야기는 하강선과 상승선의 사이에서 작동할 것이다. 상승선은 작고 다양한 탈주들로 구성되어 있으며 견고한 선과 지층화를 방해한다. 그것은 모든 것을 똑같이 유지하려는 경향성과 하강선들과 함께 뒤엉켜 그 사이에서 활기 넘치는 생성으로, 혹은 회절적 관계로 들어가게 한다.

Bergson의 철학과 Deleuze와 Guattari, 그리고 Barad의 글을 보면, 어떤 존재든 홀로 있는 것은 없다. 각각은 그것이 인간이든 인간이 아니든, 유기체든 무기체든 항상 뒤엉켜 있어 다른 존재들에 의해 영향을 받고 있다. 무엇이 물질이 되든, 그것이 어떤 물질이 되든, 그것은 늘 사이-내부에서의 내부작용에 의한 생성의 운동 속에서 발현된다. 내가 구성하는 이 이야기가 물질(matter)과 적극적으로 연계되길, 그리고 사물들이(things)이 어떠한 방식으로 중요한 의미를 지니게 되는지, 그 의미화 방식들을 적극적으로 나타내주길 원하였다.

나는 이 책이 다양한 접점에서 작동하고, 사이-내부에서 발생하는 운동에 관계하기를 바란다. 이것은 이미 파인 홈(striation)을 거부하라는 의미가 아니다. 이 책과 함께 이미 알고 있는 것의 무한 반복과 탈-영토화의 발현 가능성을 통해 영토화하고, 재-영토화하는 힘의 굴절을 탐구하기를 바란다. 또한 이 책이 일상적인 우리들의 생각에 도전이 되기를 희망한다. 아이들의 말에 귀 기울여 경청하는 어른들이 만들어지기를 바란다. 동화를 다시 만들면서 등장인물들이 서로 감응을 주고받고 물질세계와의 마주침에 열린 생명체들이기를 바란다. 서로에게 귀 기울일 뿐만 아니라 인간이 아닌 다른 생명에 귀 기울이고 감응을 받는 생명체들을 의미한다. 바람에 흔들리는 낙엽, 길, 나무, 폭풍. 이는 모두 담화 방식의 지배적인 양식들을 탈-영토화할 수 있는 생명체들이다. 나는 탈-영토화의 운동에 쉽게 무너지는 힘의 정상선이길 바란다. 나는 이 이야기를 읽은 독자들이 경청이라는 행위를 통해 모든 감각을 이용하여 생명의 미세한 부분까지, 그 특이성과 발현적 다양체들에까지 이르기를 희망한다. 이 책이 심미적이고 윤리적이기를 바라며, Barad(2007)가 **윤리-존재-인식-론**(*ethico-onto-epistem-ology*)이라고 칭했던 영역으로 진입하길 희망한다. 그것은 진동하는 물질, 담화 방식의 양식들과 윤리학(ethics) 사이에서 작동할 것이다. 우리가 살고 있는 세계도 책도 저자도 분리되어 있지 않으며 활기찬 생성 속에서 서로 뒤엉켜져 있다. 그것은 우리가 배워서 알게 된다거나 교훈적인 것은 아니지만 독자들을 감응시킬 수 있는 공명이다.

이 책을 통해 어떤 교훈을 강요하거나 정상화의 힘에 대한 저항을 하거나 상반되는 의미를 만들어 내고자 하는 것도 아니다. 이 책에서 나는 창조적으로 진화하는 삶의 모습을 그리고자 하였다. (그것은 서로 대비되지만 분리되지 않는 상승과 하강의 선들) 그것은 하나의 범주나 교훈을 강요하는 방식도 아니고, 몸을 통해서 자신의 본질적 속성을 깨닫게 하는 방식이 아니다. 서로가 서로에게 감응을 주며, 중요한 의미와 물질 사이에서 지속적인 내부작용이 발생하는 다양체의 축제와 차이를 통해서 이루어지는 것이다(Barad, 2007).

등장인물들의 물질성과 특수성과의 내부작용을 통해 의미가 발현되기를 원했다. 이 이야기를 다시 써보면서, 나는 다른 어떤 것이 중요해지고, 그것이 사물들이 존재하고 지각되는 방식을 바꿀 때 어떤 일들이 일어나는지를 탐구하고 싶었다. 여전히 그것이 어떤 물질이 되어 가는지, 그 의미는 어떻게 나타는지는 열린 질문으로 남아 있길 바란다(Barad, 2007). 그럼에도 우리의 사고와 행위를 제한시키는 힘과 범주를 탈-영토화하고자 했다.

2014년 다시 발간된 책에서는 요정이 다른 요정들과 비슷해지려는 힘을 거부한다. 그것은 내 이야기 속에 등장하는 요정이 버릇 없거나 두려움이 많아서가 아니라 자신의 모든 감각을 이용하여 발현적 경청을 하기 때문이다.

> 날지 못하는 요정은 흔들리는 꽃들 사이에서 해먹에 누워 하루 종일 빈둥거리기를 좋아한다. 바람 소리를 듣고 머리 위 높은 곳에서 떠다니고 있는 구름을 쳐다본다. 꿀을 모으는 벌을 바라보고, 꽃에서 꿀을 마시

는 새를 바라본다. 날개를 접고 눈을 감으면 마치 마른 잎처럼 보여서 아무도 요정을 알아볼 수 없다.

다른 요정들은 햇살 아래 비치는 밝고 아름다운 날개를 가지고 숲에서 열심히 일을 한다. 비가 온 뒤 꽃의 머리를 들어 올려 주고, 절름발이 딱정벌레가 숲속 길을 지나갈 수 있도록 도와주고, 날갯짓을 시작하기도 전에 둥지에서 떨어진 어리석은 아기 새를 구해 준다. 요정들은 숲과 숲 속에 사는 생명들이 건강하고 강하게 살 수 있도록 보호해 준다.

그러나 날지 못하는 요정은 다른 요정과 같지 않다. 일을 하는 대신, 읽고 자고 꿈꾸는 것을 좋아한다. 일어나면 주변의 많은 것들이 경이롭게 느껴진다. 바람은 어디서 왔는지 궁금하고 씨앗들이 어떻게 어떤 종류의 꽃으로 자라는지 궁금하다. 친구인 가위벌이 맛있는 꽃가루 컵케이크를 만드는 것이 궁금하다. 오랫동안 그 친구를 보지 못했다.

가위벌은 2014년 출판본에 처음으로 등장했다. 다른 꿀벌처럼 되지 않아 추방당하고 벌집에서 살고 있었다. 가위벌은 실제로는 벌집에서 살지 않는 호주의 토종벌이다(그림 17 참고)[6]. Bergson이 과학적 실제에 대해서 그렇게 흠집을 냈던 것처럼 특정 생명체들은 하나의 범주에 강제로 포함되면서 추방되었다.

> 우리의 이성은 고질적으로 건방지다. 진티 지식의 모든 본질적 요소들을 … 혼자 알고 있다고 상상한다. 바로 앞에 있는 사물이 무엇인지를 모른다고 자백할 때에도, 무지는 새로운 사물에 맞는 오래된 범주 중 하나를 몰라서 그렇다고 주장한다.
>
> (Bergson, 1998: 48)

---

6) 가위벌(그림 17)과 옆의 요정과 웃는 물총새(그림 18)를 그린 그림은 개정판에서 Dan Davies가 그린 것이다. 그러나 이후 소유자에 의해 거부되어 2014년판에는 포함되지 못했다.

벌은 특히 이 이야기의 끝에서 중요한 역할을 할 것이다. 요정이 하지 않는 땅에 도착했을 때, 뛰지 못하는 개구리가 반겨 주었고 해야 하는데 하지 않는 다른 모든 생명들을 소개해 주었다. 밤이 되자 모두 모여 살고 있는 동굴로 갔다.

"어디서 잘까요?" 요정이 물었다.

"미안하지만 바닥에서 자도록 해요." 벌이 답했다.

"거미줄로 된 해먹은 없나요?"

반딧불이 기묘한 웃음을 지었다. "없어요."라고 답했다.

"하지 않는 땅에는 거미 한 마리가 살고 있는데 그 거미는 거미줄을 짜지 못하는 거미예요."

요정은 눈이 따끔거렸고 뜨거운 눈물이 흘러내렸다. 이렇게 딱딱하고 먼지 많은 바닥에서 자본 적이 없었다.

"아무것도 하지 못하는 이런 생명들한테 싫증 나." 하고 비스듬히 누워서 말했다.

"그렇다면 자신에게도 틀림없이 싫증이 나겠군요." 반딧불이 말했다.

"무례하게 굴지 말고, 잠을 청해요." 개구리가 끼어들었다.

"중간에서 자고 싶어요."라고 말을 하면서 박쥐는 요정을 밀어냈다.

"이쪽으로 오세요." 벌이 말했다.

"나를 덮쳤잖아요!"

"당신들은 답답한 동굴에서 주무세요! 나는 나가서 자겠어요." 요정이 말했다.

"여기 있는 것보다는 나을 것예요!"

이런, 동굴을 걸어 나가면서 생각했다. **동굴에 있는 저들처럼 나도 불평 불만투성이가 되었네.**

동굴의 입구에 섰을 때 나무들 사이에 반달이 살짝 보였고, 노랗고 반짝였다. 꽃이 "요정님, 이리로 와서 나와 이야기해요. 당신에 대해서 말해 주세요. 나도 날 수 있다면…."이라고 말했다.

요정은 시원한 공기에 숨을 한번 크게 들이쉬고 용감하게 하지 않는 땅을 걸어 나갔다.

1974년에 쓴 이야기에서는 밤에 잠을 자지 않는 꽃이 요정을 불러서, 시도해 보기 전까지 날 수 있을지 모르는 요정에게 거만한 설교를 했었다. 2014년의 요정은 **하지 않는 땅**과의 내부작용의 마주침에 들어가며, 요정의 땅에서 숲에 귀 기울였던 것처럼 모든 감각을 통해 하지 않는 땅의 이야기를 경청했다:

> 나무들은 달빛 아래에서 초록과 오렌지색을 띠며 빛났다. 정말 아름다웠다.
>
> "안녕, 나무야." 하고 말했다. "나처럼 너도 다르구나, 그렇지? 너도 슬프니?"
>
> 나무의 몸통은 반짝이며 부드러웠고 팔을 쭉 뻗어서 요정을 편안하게 해 주었다. 나무의 꼭대기에서 가장 부드러운 숨소리가 들렸다. 위를 올려다보자, 밝은 달빛 속에서 나뭇잎들이 바람에 흔들리는 것을 보았다. 쉬쉬!
>
> **"내가 바라는 것은 무엇인가?"** 요정은 궁금해졌다. 요정의 땅으로 가고 싶지만 다른 요정들처럼 되고 싶지는 않았다.
>
> **그렇지만 … 날게 된다는 것은 어떨까?** 하고 요정은 생각했다. 바로 그 순간 나뭇잎이 떨어졌고 바람에 천천히 휘날리면서 땅으로 빙글빙글 돌아서 내려왔다.

발현적 경청을 통해, 요정은 제4장에서 불교에 영감을 받은 이야기에 화를 냈던 얀의 애정 어린 친절과 마찬가지로 자신의 날개와 새로운 마주침의 장을 열었다. 앞서 거부했던 자아, 날 수 있는 자아는 다시 될 수 있는 누군가가 되었다.

> 요정은 날개를 바라보았다. **내가 날개를 펼 수 있을까?**
>
> 그는 시도했다. 처음엔 힘들었지만 열심히 노력하자 날개를 넓게 펼 수 있었다.
>
> "아!" 하고 소리쳤다. "날개는 정말 멋지구나!"
>
> 달빛은 날개를 비추어 반짝였고, 파랑, 녹색, 빨강, 노란색을 띠고 있

었다. 요정의 땅에서 본 빛들과 같았다.

어깨를 움직이자 날개들을 펄럭일 수 있음을 알았다. "어떨까…." 하고 말했다. "내가 날 수 있다면 어떨까? 어떤 모습일까?"

시도했다.

오랫동안 사용하지 않은 날개를 펼치는 것은 쉽지 않았고 어떻게 시작해야 할지 몰랐다.

근처에 뾰족한 자줏빛 바위가 하늘 위로 솟아 있는 것을 발견했다. 바위에 올라가다가 날카로운 부분에 섬세한 손가락과 발가락이 상처를 입었다. 꼭대기에 올라갔을 때 멀리 아래를 내려다 보았다. 그것은 아주 멀어보였다.

나무는 숨을 쉬고 있었고 멀리서 귀뚜라미가 부르는 노랫소리를 들었다. 바위 정상에 멈춰 섰고 날개 사이로 부드러운 바람이 부는 것을 느낄 수 있었다.

숨을 깊게 쉬고 뛰어 내렸다. 처음엔 떨어지는 줄 알았지만 바람이 부드럽게 들어 올려 주었고, **언제나 나는 방법을 알고 있었던 것처럼** 날개들이 펼쳐지고 닫혔다.

요정은 마치 풀 위의 엉겅퀴 관모처럼 떠 있었다.

웃다가, 울다가, 뛰다가 허공을 향해 뛰면서 춤을 추었다. 그리고는 날개들에게 말을 건네며 얼마나 아름다운지에 대해 칭찬하며 어루만져 주었다. 땅에 누워 날갯짓을 반복했고 꽤 지쳤다. 정말 아름다운 장면이었을 것이다. 두 눈은 밝게 빛났고 심장은 노래를 부르고 있었다. 너무 지쳐서 독버섯 꼭대기에 누워 잠이 들었고, 사랑스러운 날개들은 여전히 흔들리고 있었다.

깨어났을 때 지난 밤 동굴 밖에서 불평불만을 하던 그 요정과는 완전히 달라졌고 너무 행복했다. 이슬로 얼굴과 손을 씻고 즐거움에 노래를 부르면서 태양빛에 사랑스러운 날개를 펼치며 흔들어 보았다.

요정의 다양체의 발현이 용기를 주었고 즐겁게 날 수 있게 했다. 이는 자신을 범주에 전복시키지 않고, 스스로를 병리적 문제가 있는 것으로 보지 않고, 다른 것들과의 내부작용에서 나타나는 생명 가능성들의 창조적 진화를 통해 이룬 것이었다.

하지 않는 땅에서 잠에 깨어났을 때 요정은 집을 잃어버린 어린 남자아이를 발견했다. 요정은 다른 생명체들과 함께 남자아이를 보살펴 줄 방법을 찾으려 했다. 그 과정에서 개구리는 뛰기 시작했고 물총새는 웃었으며 반딧불은 빛을 비추었다. 폭풍이 다가오자 그 아이를 동굴로 데리고 들어갔다. 아이는 요정의 아름다운 노래를 들으면서 꽃과 함께 잠이 들었다.

요정과 물총새는 아이의 집을 찾을 수 있는지를 살펴보려고 하늘 높이 날아 올라갔다(그림 18 참고). 둘은 아이의 집에 도착했다. 물총새와 개구리는 요정의 땅으로 돌아가서 여왕에게 일어났던 일을 전했다. 여왕은 매우 기뻐하며 나비가 끄는 아름다운 마차를 보내 요정과 친구들이 집에 돌아올 수 있도록 도왔다. 마차는 유쾌한 웃음을 가진 마술요정이 끌었다.

"요정 여왕님이 당신에게 특별한 마차를 보내셨어요." 마술요정은 요정에게 고개를 숙이며 말을 했다. "개구리와 물총새는 안전하게 도착했고 당신이 길을 잃어버린 남자아이를 구한 것에 대해 들려주었어요. 요정 여왕님께서는 당신에게 요정의 땅으로 영원히 돌아오라고 하셨습니다."

"너무 기뻐요. 얼마나 행복한지 모르겠어요." 요정은 큰 숨을 쉬며 말했다.

"박쥐, 반딧불, 꽃! 그리고 벌도 같이 가요."

"아니, 나는 가지 않을 거예요."라고 벌이 말했다. "나는 새로운 장소를 탐험할 생각이에요. 무엇이 꿀벌을 죽이는지를 알아내야 해요. 당분간 혼자 지내면서 생각할 시간이 필요해요. 요정, 박쥐, 꽃과 사랑하는 반딧불, 모두 잘 가요."

벌은 하지 않는 땅과 요정의 땅을 떠나 멀리 하늘로 날아갔다.

요정은 부드러운 파란 마차에 올라 한 손에는 꽃을 붙잡고 다른 한 손에는 박쥐를 잡았고 반딧불은 요정의 머리 위에 앉았다.

마술요정이 나비를 부르며 사랑스러운 날개를 펄럭이면서 하늘로 날아갔고, 마차는 공중으로 날아 올라 갔다. 타오르던 붉은 해가 서쪽으로 가라앉고 있을 때 요정의 땅에 도착했다. 아! 웃음과 즐거움이 넘치는 땅!

다른 요정들이 마중하러 달려 나왔고 서로 껴안고 키스를 나누었다.

요정의 날개를 보고 모두 감탄했다.

꽃은 땅 위에 뿌리를 내렸고, 꽃잎을 접었다. "너무 피곤해서 낮잠을 좀 자야겠어."라고 단호하게 말하고 바로 잠에 빠져들었다.

요정은 여왕에게 감사의 뜻을 전했고 반딧불과 박쥐를 여왕 앞에 데리고 갔다.

박쥐는 무릎을 꿇고 요정에게 속삭였고, 반딧불도 요정에게 속삭였다. 요정은 여왕에게 용감하게 부탁을 했다. "여왕님, 이 작은 박쥐는 여전히 밤에 날아다니는 것이 두렵다고 하네요. 박쥐를 쥐로 만들어 주실 수 있으실까요? 그렇게만 된다면 영원히 착하게 살며 전달해야 할 메시지를 잘 전달해 주겠다고 하네요. 그리고 반딧불은 왕좌 뒤쪽 자리에 앉아 있을 수 있도록 허락해 주시면 뒤에서 영원히 여왕님을 비추겠다고 합니다."

여왕은 웃으며 지팡이를 흔들었다. 그러자 요정 옆에는 쥐가 나타났고 수염을 흔들면서 벌써 메시지를 전달하고 있었다. 지팡이의 위쪽 끝에는 세상에서 가장 밝은 빛을 내는 반딧불이 자리하고 있었다.

"너무 감사합니다." 요정은 울면서 말했다. "그런데 여왕님, 개구리하고 물총새는 어떻게 할까요?" 하고 물었다.

"그들도 여기에 있을 것이다."라고 여왕님이 말했다. "개구리와 물총새가 돌아올 것이라고는 전혀 예상하지 못했다. 물총새는 비가 오려고 할 때만 웃게 해달라고 부탁했고, 그래서 물총새라는 이름 대신에 비오는 헤럴드라는 이름을 주었다. 이것은 놀랄 만한 변화이고 나는 이 변화를 환영한다."

"개구리는 나무 개구리라는 새로운 이름을 요청했으나, 나에게 베푼 거대한 친절 때문에 길을 잃은 생명체들을 돌보는 자로 임명했다."

"너무 훌륭하십니다! 그들도 아마 너무 기뻐할 것입니다!"라고 요정은 말했다. "그런데 여전히 벌이 다시 돌아오지 않기로 한 것이 마음에 걸립니다. 벌은 바깥 세상에 사는 것을 더 좋아하기 때문에 벌집에서 살고 싶어 하지 않았어요. 벌은 다른 꿀벌들을 도울 수 있는 일이 뭐가 있을지 찾으려고 또 다른 모험을 떠났습니다. 여왕님께 최고의 행운을 빈다고 전했습니다."

여왕은 요정을 바라보며 환하게 웃었다. 여왕은 용기 있고 정직했다. "여왕에게 잘못하고 있다고 말하기는 아주 어려운 일이란다. 그렇게 말을 해 주어서 고맙구나. 벌은 자신이 하고자 하는 탐험을 끝내고 다시 돌아오면 요정의 땅에서 다시 반갑게 맞이할 거야."

여왕의 친절이 담긴 말들을 들었을 때 요정의 심장은 행복으로 넘쳐 흘렀다.

"너는 어떠냐?"라고 요정 여왕이 물었다. "너도 무엇인가 원하는 것이 있지 않니?"

"저도 이름을 바꾸었으면 좋겠습니다." 부끄러워하며 말을 꺼냈다.

여왕은 요정의 머리 위에 밝은 막대기를 흔들고 부드럽게 말했다. "환영한다, 빠른 날개를 가진 요정아."

"존경하는 여왕님." 빠른 날개를 가진 요정이 요정 여왕에게 말을 고했다. "청이 하나 더 있습니다. 벌을 찾아가서 꿀벌들이 병에 걸리는 이유를 찾는 것을 도와주어도 될까요? 요정의 땅과 넓은 세상이 어쩌면 벌에게 달려 있을지도 모릅니다. 어떻게 해야 꿀벌들을 도울 수 있는지 알고 싶습니다."

요정 여왕의 눈에서 커다란 눈물이 방울방울 흘러내렸다. 벌써 이 용기 있는 요정이 그리워졌다.

"빠른 날개를 가진 요정에게 행운이 함께 하길. 행운을 빈다!"

여왕은 요정의 머리 위에 지팡이를 흔들었고 수백 개의 마술 별들이 요정의 손에 흘러 내렸다.

이 새로운 이야기에서는 개인주의, 경쟁, 연약함, 두려움과 순응을 특징으로 하는 정체성으로서의 자아(self-as-identity)가 자신이 누리는 우선적 지위를 창조적 진화에 내어 주고 있다. 이 창조적 진화는 회절적 만남으로부터 발현하고 상호적인 행위주체적 얽힘과 의미와 물질, 그리고 윤리로부터 출현하는 것이다. 이 이야기가 추구하는 윤리는 운동에, 새로운 것들의 발생에 자리를 내어 주되, 그와 동시에 새로운 아이디어들이 다른 존재들을 희생시키면서 등장하지 않으며, 또한 하나의 가치로서 진리들의 다양체에 기여하는 것을 잊지 않는 것이다(Badiou, 2001). 동시에, 이 윤리는 필요한 경우 그 어떤 일상적인 사고가 어떤 이의 활기찬 삶을 다른 이들의 이익을 위해 제약하거나 해를 입히고 억누를 때 이를 파열하고 분쇄하는 공격을 기꺼이 감행한다.

2014년에 만들어진 이 이야기는 정지 상태보다는 회절하는 운동을, 새로운 존재 양식을 함께 만들어 내는 ~~주체~~들을 중요하게 여겼다. 이 이야기는 아직까지 생각해내지 못한 가능성들, 그런 생각들이 변화에 열려 있음을 경험한 존재들, 그리고 생각 자체에 더 관심을 갖고 있다. 이 이야기는 "모든 상황에서의 급진적 혁신(진화, 발명, 변신…)을 위하여 잠재성을 드러내고 이해하고자 노력한다."(Hallward, 2002: viii). 이와 같이 이 이야기는 마주침, 발현적 경청 그리고 내부작용적 되기에 헌신한다. 그 속에서 우리는 매 순간 끊임없이 반복되는 마주침의 순간과 무관하게 또는 앞서서 존재할 수 없는 것이다. Deleuze와 Guatari는 이렇게 말한다.

> 생각하는 것은 실험하는 것이다. 그러나 실험은 늘 진리의 외관을 대신하고 그것보다 더 많은 것을 요구하는 새로운 것, 독창적인 것, 재미있는 것을 만들어 내는 과정 속에 있다.
>
> (1994: 111)

(결론 아닌) 결론 (In)conclusion

끝으로 나는 내가 사고를 펼치고 어린이들과 관계적 감응을 경험하며 그들에게 귀 기울여 왔던 이야기와 개념들의 이 배치를 마무리 지으려고 한다. 이 책을 통해 나는 독자들이 아이들과 마주할 수 있도록, 그들로부터의 감응에 열려 있고자 하였다. 여기서 마주침은 우리로 하여금 세상에서 더 온전히 살아 있음을 느끼게 할 수도 있고 더 즐거워지게 할 수도 있으며, 그와 반대로, 슬픔으로 이끌거나, 무능하거나 우리의 능력을 감소시킬 수도 있다. 즉, 우리들의 힘을 빼앗을 수도 있는 것이다. 나는 이 책을 통해 전자에 더 가치를 두고, 삶과 우리의 행동과 차이를 만들어 내는 능력을 긍정하는 윤리에 대해 말하고 싶다. 어린이로부터 듣는 방법을 배우기만 한다면 그러한 삶의 윤리와 즐거운 마주침을 아이들로부터 배울 수 있을 것이다.

이 책을 독자들은 자신만의 방식으로 만나겠지만, 어떤 방식으로든 아이들의 이야기에 귀 기울이고 펼쳐지는 생각에 집중하길 바란다. 귀 기울여 경청한다는 것은 당신이 이미 알고 있는 것에 속박된 그런 것이 아니다. 새로운 생각이든 발현적 경청이든 우리가 이미 알고 있는 세상에 파여 있는 홈에 의존하더라도 말이다. 삶을 운동으로 차이의 과정으로 생각하자. 차이의 과정에서 나타나는 다르게 되기란 동일성과 반대되는 개념이 아니라 삶 그 자체를 의미하는 것이다.

각 장을 지나오면서 우리가 보통 쉽게 하는 이것 **혹은** 저것으로 이분법으로 분류하는 사고를 멈추자고 제안해 왔다. 우리가 살고 있는 세상은 주체 **혹은** 대상, 개인 **혹은** 집단, 하나 **혹은** 많이, 똑같은 **혹은** 다른, 보수적인 **혹은** 급진적인, 생각 **혹은** 행동, 합리적인 혹은 감정적인 등의 이중의 구조적 대립으로 나뉘어져 있지 않다. 세상은 구조가 아니라 삶 그자체로 늘 이동한다. 이렇게 생각하는 방식이 **또는**(*or*)이 아니라 **그리고**(*and*)의 형태로 사고하는 방식이다:

> '**그리고**'는 이것도 아니고 저것도 아니다. 그것은 늘 사이에 있다. 두 사물 사이에 있다. 경계선이 있다. 늘 경계가 있고, 탈주선이나 흐름이 있다. 그것을 감지하기가 너무 어렵기 때문에 우리는 보지 못할 뿐이다. 탈주선을 따라서 그것들은 지나가고, 생성은 진화하고, 혁명이 만들어진다.
>
> (Deleuze, 1995: 45)

소년과 책; 두 명의 소년들, 소녀, 그리고 바위 표면; 소년과 모래; 소녀와 모래와 물; 두 명의 소년들과 노래; 아이와 성인과 그림, 날개를 발견한 요정과 바람에 흔들리는 나뭇잎….

아이들을 생각할 때, 타인이나 성인보다 어린 사람으로 인식하는 것이 아니라, 아이들 **그리고** 당신 자신으로 생각해 보자. 이와 같이 사고를 확장하고 각 존재의 특이성에 집중하면, 상상력이 피어나고 감응과 직관이 살아 움직인다. 이와 같은 방식으로 아이들과 마주함의 세계로 진입해 보자. 당신이 귀기울인 것에 영향을 받도록 열어 두고 당신 사이 사이에 흐르는 감응에도 자신을 열어 두자. 아이들과 마주함의 세계는 각자, 당신, 그리고 아이가 "둘 사이의 문지방이고 문이고 생성"인 곳이다(Deleuze & Guattari, 1987: 249).

개별 어린이의 특이성을 파악하는 이야기들을 통해, 모든 개인들은 바로 그 특이성이 **이동하고 있고 내적으로 작용하고 있다**(*mobile* and *intra-active*)는 생각을 펼치고자 했다. 이러한 마주침을 통해 나타나는 스스로를 재구성하고 분해하는 능력과 감응 능력은 그 특이성을 **확장시키고** 생각하는 능력과 행동하는 능력을 증진시킨다. 열려 있다는 것, 다른 것에 쉽게 감응한다는 것은 인간성을 이룩하는 길이다. 그것은 우리가 부분으로 구성하고 있는 공동체들이 스스로를 창조하고 재창조하는 길이다. 우리는 공동체를 구성하고 있는 마주함으로부터 분리되어 있는 것이 아니다. 우리는 그것들과 함께 발현된다.

이 책은 레지오 에밀리아 교육의 이론과 실제의 핵심인 어린이에 대한 경청을 강조하는 철학에 깊이 감명을 받았다. 차이와 새로운 사고의 개방은 레지오 에밀리아 철학에서 말하는 경청에서 가장 중요한 부분이다. 이를 위해서는 교사가 아이들과 무엇인가를 하고 있는 그 순간을 창조적으로 생각할 수 있는 능력이 필요하다. 그것은 바로 유아교육을 연구하고 교육하는 모든 곳에 영향을 줄 수 있는 철학일 것이다. 철학은 연구하는 교사로 하여금 아이들과 함께하고 있는 그 내부를 새롭게 보게 하고 새롭게 존재할 수 있는 방법을 가능케 하는 개념들과 작업하기를 요구한다.

사유가 만개하고 새로운 생각이 진화되는 것을 막는 것이 바로 신자유주의이다. 그것은 교육정책 형성과정에서 시장경제에 기여할 수 있도록 기능하는 상표 없는 개인을 생산해 내는 데 스스로를 헌신한다. 신자유주의는 규제에 집중하며 측정가능하고 동일한 결과물을 생산해 내는 미시경영학에 뿌리를 두고 있다. 이와 대조적으로, 레지오 에밀리아 철학은 차이, 창의성, 상대성과 새로운 사유의 발현에 가치를 둔다. 이러한 개념들은 저마다 특수한 개인들과 그들이 모여 사는 공동체의 행복에 중요한 것이다.

철학적 개념들을 현실 속에서의 실천이라는 다른 언어로 옮기는 작업은 매우 힘든 일인데, 나는 이 책을 통해 그것이 어떻게 가능한지를 보여 주고자 하였다. 어린이와 만나는 이야기들을 통해 수많은 철학적 개념들이 생생하게 살아날 수 있도록 했으며, 새롭게 생각하는 방법과 어린이들과 내부작용하는 새로운 방식을 알려주는 철학적 개념들의 힘을 보여 주었고, 아이들의 가치를 새롭게 인정하고 그들과 함께 윤리적인 실천에 참여하는 방식들을 배워가는 것을 보여 주었다. 윤리의 실천이란 매 순간 무엇이 중요하며 그 결과가 어떠한지와 함께하는 것이다. 윤리적이고 책임 있는 철학의 중심부에는 타인에게 귀 기울이고, 삶 그 자체가 갖는 절대적인 발현적 차이들을 가치있게 여기는 욕망이 있다.

참 고 문 헌

Badiou, A. (2000) *Deleuze: The clamor of being* (trans. L. Burchill). Minneapolis, MN: University of Minnesota Press.

Badiou, A. (2001) *Ethics: An essay on the understanding of evil* (trans. P. Hallward). New York: Verso Press.

Badiou, A. (2008) *Conditions* (trans. S. Corcoran). London: Continuum.

Barad, K. (2007) *Meeting the Universe Halfway: Quantum physics and the entanglement of matter and meaning.* Durham, NC: Duke University Press.

Bennett, J. (2010) *Vibrant Matter.* Durham, NC: Duke University Press.

Bergson, H. (1998) *Creative Evolution.* Mineola, NY: Dover Publications Inc.

Berlant, L. (2010) "Cruel optimism.". In M. Gregg and G. J. Seigworth (eds), *The Affect Theory Reader.* London: Duke University Press, pp. 93–117.

Bradshaw, J. (2009) "Mirror neurons and empathy for pain.". *Ockham's Razor.* ABC Radio. 15 February 2009.

Butler, J. (2004) *Precarious Life: The powers of mourning and violence.* London: Verso.

Butler, J. (2005) *Giving an Account of Oneself.* New York: Fordham University Press.

Ceppi, G. and Zini, M. (eds) (1998) *Children, Spaces, Relations: Metaproject for an environment for young children.* Milan: Domus Academy Research Center.

Colebrook, C. (2002) *Gilles Deleuze.* London: Routledge.

Dahlberg, G. and Moss, P. (2005) *Ethics and Politics in Early Childhood Education.* London: Routledge/Falmer.

Davies, B. (2005) "The Fairy Who Wouldn't Fly: A story of subjection and agency.". *Journal of Early Childhood Literacy* 5(2): 151–174.

Davies, B. (2008) "Re-thinking 'behaviour' in terms of positioning and the ethics of responsibility.". In A. M. Phelan and J. Sumsion (eds), *Critical Readings in Teacher Education: Provoking absences.* Netherlands: Sense Publishers, pp. 173–186.

Davies, B. (2009a) "Life in Kings Cross: A play of voices.". In A. Jackson and L.

Mazzei (eds), *Voice in Qualitative Inquiry: Challenging conventional, interpretive and critical conceptions in qualitative research.* New York: Routledge, pp. 197–220.

Davies, B. (2009b) "Difference and differentiation.". In B. Davies and S. Gannon (eds), *Pedagogical Encounters.* New York: Peter Lang.

Davies, B. (2010) "The implications for qualitative research methodology of the struggle between the individualized ~~subject~~ of phenomenology and the emergent multiplicities of the poststructuralist subject: The problem of agency.". *Reconceptualizing Education Research Methodology* 1(1): 54–68.

Davies, B. and Bansel, P. (2005) "The time of their lives? Academic workers in neoliberal time(s)". *Health Sociology Review* 14(1): 47–58.

Davies, B. and Bansel, P. (2007a) "Neoliberalism and education.". *International Journal of Qualitative Studies in Education.* Special issue on neoliberalism and education edited by Bronwyn Davies and Peter Bansel 20(3): 247–260.

Davies, B. and Bansel, P. (2007b) "Governmentality and academic work: Shaping the hearts and minds of academic workers.". *Journal of Curriculum Theorizing* July 23(2): 9–26.

Davies, B. and Gannon, S. (2006) *Doing Collective Biography.* Maidenhead: Open University Press, pp. 1–200.

Davies, B. and Gannon, S. (eds) (2009) *Pedagogical Encounters.* New York: Routledge.

Davies, B. and Gannon, S. (2013) "Collective biography and the entangled enlivening of being.". *International Review of Qualitative Research* 5(4): 357–376.

Davies, B. and Harré, R. (1990) "Positioning: The discursive production of selves.". *Journal for the Theory of Social Behaviour* 20(1): 43–63.

Davies, B., Browne, J., Gannon, S., Honan, E., Laws, C., Mueller-Rockstroh, B. and Bendix Petersen, E. (2004) "The ambivalent practices of reflexivity.". *Qualitative Inquiry* 10(2): 360–390.

Davies, B., De Schauwer, E., Claes, L., De Munck, K., De Schauwer, E., Van De Putte, I. and Verstichele, M. (2013) "Recognition and difference: A collective biography.". *International Journal of Qualitative Studies in Education* 26(6): 680–690.

Deleuze, G. (1980) "Cours Vincennes 12/21/1980.". Available online: http://www.

webdeleuze.com/php/texte.php?cle=190andgroupe=Spinoza andlangue=2 (accessed 10 February 2010).

Deleuze, G. (1988) *Spinoza: Practical philosophy* (trans. R. Hurley). San Francisco, CA: City Lights Books.

Deleuze, G. (1990) *The Logic of Sense*. New York: Columbia University Press.

Deleuze, G. (1994) *Difference and Repetition*. London: Continuum.

Deleuze, G. (1995) *Negotiations 1972–1990* (trans. M. Joughin). New York: Columbia University Press.

Deleuze, G. (1997) "To have done with judgment.". In G. Deleuze, *Essays Critical and Clinical* (trans. D. W. Smith and M. A. Greco). Minneapolis, MN: University of Minnesota Press, pp. 126–135.

Deleuze, G. and Guattari, F. (1987) *A Thousand Plateaus: Capitalism and schizophrenia*. London: Athlone Press.

Deleuze, G. and Guattari, F. (1994) *What Is Philosophy?* New York: Columbia University Press.

Deleuze, G. and Parnet, C. (1987) *Dialogues*. New York: Columbia University Press.

Hallward, P. (2002) "Translator's introduction.". In A. Badiou, *Ethics: An essay on the understanding of evi*l. London: Verso, pp. vii–xlvii.

Halsey, M. (2007) "Molar ecology: What can the (full) body of an eco-tourist do." In A. Hickey-Moody and P. Malins (eds), *Deleuzian Encounters: Studies in contemporary social issues*. Basingstoke: Palgrave Macmillan, pp. 135–150.

Herrigal, E. (1953) *Zen in the Art of Archery*. New York: Pantheon.

Hultman, K. and Lenz Taguchi, H. (2010) "Challenging anthropocentric analysis of visual data: A relational materialist methodological approach to educational research.". *International Journal of Qualitative Studies in Education* 23(5): 525–542.

Kumashiro, K. (2008) *The Seduction of Common Sense*: How the Right has framed the debate on America's schools. New York: Teachers College Press.

Latour, B. (1999) *Pandora's Hope: Essays on the reality of science studies*. Cambridge, MA: Harvard University Press.

Laws, C. (2011) *Rethinking Research and Professional Practices in Terms of Relationality,*

Subjectivity and Power: Poststructuralism at work with marginalised children. UAE: Bentham Science Publications.

Laws, C. and Davies, B. (2000) "Poststructuralist theory in practice: Working with 'behaviourally disturbed' children.". *International Journal of Qualitative Studies in Education* 13(3): 205–221.

Lehrer, J. (2007) *Proust Was a Neuroscientist.* Boston, MA: Houghton Mifflin Company.

Lenz Taguchi, H. (2010) *Going Beyond the Theory/Practice Divide in Early Childhood Education: Introducing an intra-active pedagogy.* London: Routledge/Falmer.

Lenz Taguchi, H. (2012) "A diffractive and Deleuzian approach to analyzing interview data.". *Feminist Theory* 13(3): 265–281.

Lenz Taguchi, H. and Palmer, A. (2013) "A more 'livable' school? A diffractive analysis of the performative enactments of girls' ill-/well-being with(in) school environments.". *Gender and Education* 25(6): 671–687.

Linnell, S. (2010) *Art Psychotherapy and Narrative Therapy*: An account of practitioner research. UAE: Bentham Science e-books.

Massey, D. (2005) *For Space.* London: Sage Publications.

Nancy, J. -L. (2007) *Listening* (trans. C. Mandell). New York: Fordham University Press.

O'Harris, P. (1945) *The Fairy Who Wouldn't Fly.* Sydney: Marchant.

O'Harris, P. (retold by David Harris) (1974) *The Fairy Who Wouldn't Fly.* Sydney: Angus and Robertson.

O'Harris, P. (retold by Bronwyn Davies) (2014) *The Fairy Who Wouldn't Fly.* Canberra: Australian National Library.

Readings, B. (1996) *The University in Ruins.* Cambridge, MA: Harvard University Press.

Rinaldi, C. (2006) *In Dialogue with Reggio Emilia: Listening, researching and learning.* London: Routledge.

Roffe, J. (2007) "Politics beyond identity.". In A. Hickey-Moody and P. Malins (eds), *Deleuzian Encounters: Studies in contemporary social issues.* Basingstoke: Palgrave Macmillan, pp. 40–49.

Schulte, C. M. (2013) "Being there and becoming-unfaithful.". *International Journal of Education & the Arts*, 14(SI 1.5). Available online: http://www.ijea.org/v14si1/ (accessed on 10 October 2013).

Silver, G. and Krömer, C. (2009) *Anh's Anger.* Berkeley, CA: Plum Blossom Books.

Somerville, M., Davies, B., Power, K., Gannon, S. and de Carteret, P. (2011) *Place Pedagogy Change.* Netherlands: Sense Publishers.

Søndergaard, D. M. (2012) "Bullying and social exclusion anxiety in schools.". *British Journal of Sociology of Education* 34: 1–18.

Taubman, P. M. (2010) "Alain Badiou, Jacques Lacan and the ethics of teaching.". *Educational Philosophy and Theory 42*(2): 196–212.

Thich Nhat Hanh (1998) *Interbeing: Fourteen Guidelines for Engaged Buddhism* (3rd edn). Berkeley, CA: Parallax Press.

Thich Nhat Hanh (2001) *Anger: Wisdom for cooling the flames.* New York: Riverhead Books.

Thich Nhat Hanh (2010) *This Sun My Heart.* Berkeley, CA: Parallax Press.

Venn, C. (2002) "Refiguring subjectivity after modernity.". In V. Walkerdine (ed.), *Challenging Subjects: Critical psychology for a new millennium.* Basingstoke: Palgrave Macmillan, pp. 51–71.

Watts, A. (1957) *The Way of Zen.* New York: Vintage Books.

Williams, J. (2003) *Gilles Deleuze's Difference and Repetition.* Edinburgh: Edinburgh University Press.

Wilson, E. A. (2004) *Psychosomatic: Feminism and the neurological body.* Durham, NC:

Duke University Press.

Woolf, V. (1978) *Moments of Being.* Reading: Triad/Granada.

찾 아 보 기

A

ㄱ

ㄴ

ㄷ

ㄹ

ㅁ

ㅂ

ㅅ

ㅇ

ㅈ

ㅊ

ㅌ

ㅍ

ㅎ

■ 역자소개 ■

변윤희 동명대학교 유아교육과 교수
유혜령 전 영남대학교 유아교육과 교수
윤은주 숙명여자대학교 아동복지학부 교수
이경화 부경대학교 유아교육과 교수
이연선 부산대학교 유아교육과 교수
임부연 부산대학교 유아교육과 교수

어린이에게 귀 기울이기: '이기'와 '되기'

초 판 1쇄 발행 2017년 10월 23일
초 판 4쇄 발행 2024년 1월 12일

지 은 이 | Bronwyn Davies
옮 긴 이 | 변윤희 · 유혜령 · 윤은주 · 이경화 · 이연선 · 임부연
펴 낸 이 | 김기섭
편 집 인 | 이윤희
펴 낸 곳 | 창지사 www.changJisa.com
08589 서울시 금천구 가산디지털 1로 83 파트너스타워 1차 9층
전화 (02)719-2211~3
팩스 (02)701-9386
등 록 | 1977년 4월 28일 · 제1-421호

ISBN 978-89-426-1115-7 (93370)

값 11,000원